KADDISH

KADDISH

Radu Vancu

Translated from Romanian by

Sean Cotter

ZEPHYR PRESS

Book design by typeslowly

First published in Romania in 2023 as *Kaddish*
by Casa de Editură Max Blecher

Support for this publication has been provided by a grant from the Romanian Cultural Institute's Translation and Publication Support program. Zephyr Press also gratefully acknowledges operating support from Roland and Lori Pease, the Massachusetts Cultural Council, and The Academy of American Poets with funds from the Amazon Literary Partnership Poetry Fund.

Zephyr Press, a non-profit arts and education 501(c)(3) organization, publishes literary titles that foster a deeper understanding of cultures and languages. Zephyr Press books are distributed to the trade by Consortium Book Sales and Distribution—www.cbsd.com.

Cataloging-in-publication data is available from the Library of Congress.

ISBN 978-1938890-40-6

ZEPHYR PRESS
www.zephyrpress.org

2 Kaddish

155 *Translator's Afterword*
160 *Index of First Lines*
165 *Acknowledgments*
166 *Contributor Biographies*

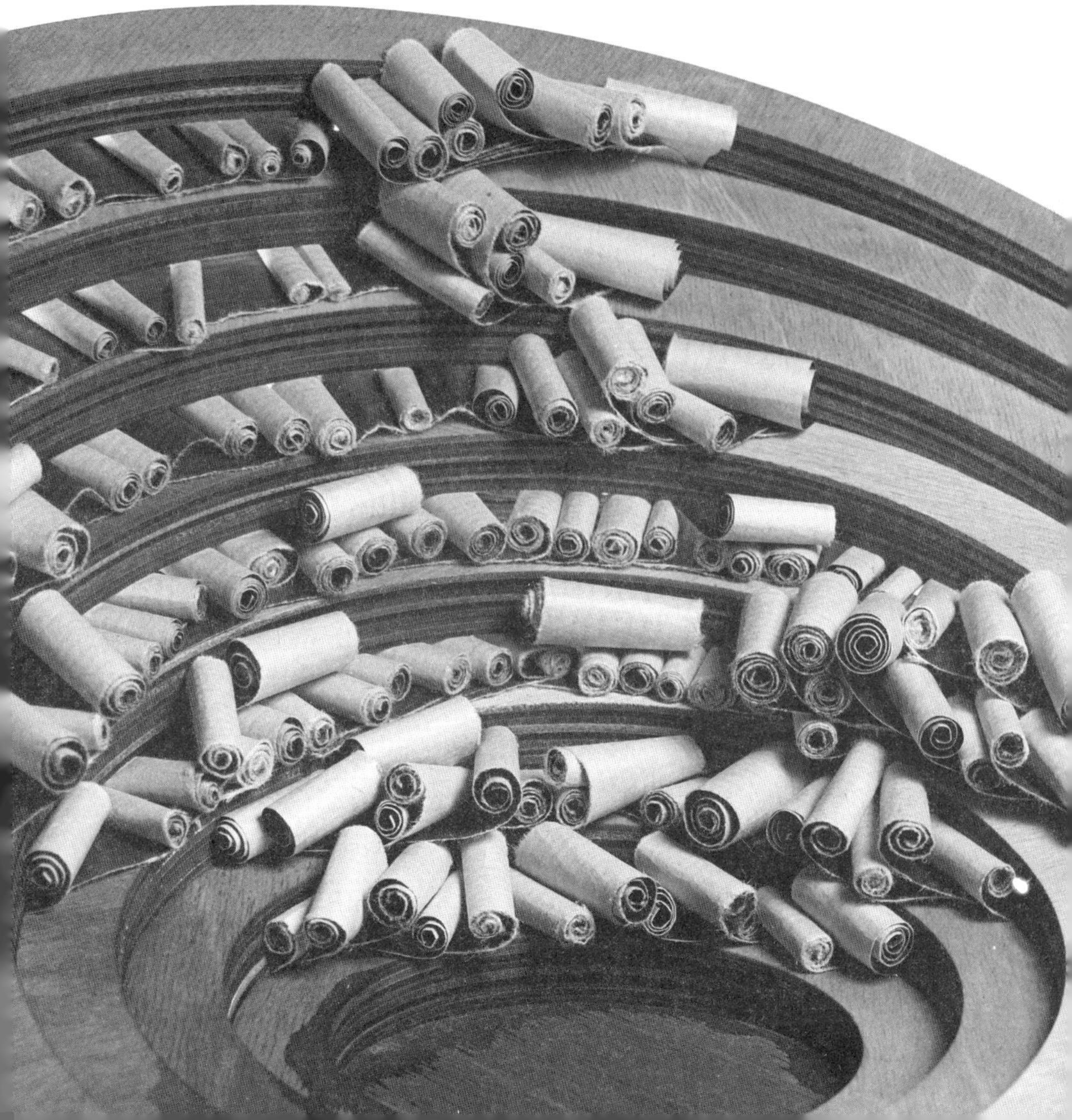

Dragostea mea după ce mi-ai scos corpul din groapa
comună mi-ai găsit în buzunarul din față al hainei carnetul

cu ultimele poezii Era ud De la pământul ud Dar și de la corpul
meu putrezit & îmbibat în hârtie L-ai uscat la soare Stăteai

lângă carnet & așteptai să se usuce ca să vezi dacă se
pot citi poeziile M-am gândit că te uitai la corpul meu

cum se evaporă din carnet Cum se evaporă din poezii Și era
un pic straniu că poeziile se vedeau numai dacă se evapora

corpul meu din ele Era vară M-am evaporat repede & poeziile
au început să se vadă Le citeai & te priveam în același timp din

aerul de deasupra unde mă evaporasem & din groapa comună
unde rămăsesem & din poezii Nu ai plâns Dar am plâns eu Te-ai

uitat mirată cum carnetul se udă iar Ai început să sufli peste
el Peste mine Cu cât suflai carnetul se uda mai tare L-ai pus

în buzunar M-am evaporat de la căldura corpului tău mult
mai repede decât de la soare Cum mă evaporam uneori

de la soarele & moartea dulce care-ți răsăreau împreună
pe fața la orgasm Când l-ai scos peste nici un minut perfect

uscat se vedea că nu înțelegi nimic Nici eu nu înțeleg dragostea
mea Te privesc chiar acum din groapa comună Sau poate din

My love after you pulled my body from the mass
grave you found in my front coat pocket the notebook

with my last poems It was wet From the wet earth And from my body
that rotted & soaked the paper You dried them in the sun You sat

by the notebook & you waited for it to dry to see if the
poems could be read I thought you watched my body

evaporate from the notebook It evaporated from the poems And it was
a little strange that poems could appear only if my body evaporated

from them It was springtime I evaporated quickly & the poems
started to appear You read them & I watched you at the same time from

the air above where I had evaporated & from the mass grave
where I was left & from the poems You didn't cry But I did You were

surprised to see the notebook wet again You started to blow on
it On me The more you blew the wetter the notebook got You put it

in your pocket The heat of your body made me evaporate much
faster than the sun did The way sometimes I evaporated

from the sun & little death that rose together on your
face when you came When you took it back out just a minute later perfectly

dry you didn't understand it I don't either my love I am
looking at you from the mass grave Or maybe from

poezii De fapt din amândouă Aerul din jurul tău sunt eu Dacă
simți cum aerul & lumina se fac deodată un fel de sare udă să

nu te sperii Sunt doar eu E doar poezie

(Doar pentru că lumina plânge de la ce scriu
nu înseamnă că sunt viu)

the poems In fact from both The air around you is me If
you feel the air & light suddenly make a kind of wet salt don't

be afraid It's just me It's just poetry

(If the light cries at what I write
it doesn't mean that I'm alive)

Carolyn Forché & antologia ei din 1993, *Against Forgetting*: vreo 150 de poeți din secolul 20 cu poeme-mărturie despre ororile totalitare & genocidare; începe cu genocidul armean & se încheie cu războaiele din Iugoslavia.

Acolo l-am descoperit pe Rádnoti Miklós – cu carnetul în care și-a notat ultimele poeme găsit în buzunar după ce a fost deshumat din groapa comună în care-l aruncaseră naziștii. Și în care numai dragostea încăpățânată a soției lui, Fanni Gyarmati, a reușit să-l găsească. Hârtia era deja îmbibată de zemurile propriului corp descompus, au lăsat-o să se usuce la soare – și au reapărut pe ea unele dintre cele mai atroce & luminoase poeme compuse vreodată de o ființă umană.

Rádnoti notase în poemele lui marșul forțat al deținuților, execuțiile de pe acel drum dinspre minele de cupru din orașul sârb Bor înspre Ungaria (inclusiv execuția prietenului lui, violonistul Lorsi Miklós, împușcat în ceafă; „așa te vor omorî și pe tine peste câteva zile", notase într-un vers din ultima zi a lui octombrie 1944; exact așa a fost – l-au împușcat și pe el în ceafă peste câteva zile), amintirile cu Fanni (iluminate orbitor – epifanii în sensul cel mai tare, strict sacru, al termenului).

Fanni a trăit încă 70 de ani, până în februarie 2014. Nu s-a mai căsătorit. După moartea ei a apărut un jurnal de 1.300 de pagini, acoperind anii 1935–1946, despre care nu vorbise nimănui în cei 70 de ani. A făcut și jurnalul ăsta să apară din neant – cum făcuse și poezia să se întoarcă din mormânt. Ea e eroina absolută a acestui poem, a combinației ăsteia de nekya & kaddish.

Carolyn Forché & her 1993 anthology, *Against Forgetting*: around 150 twentieth-century poems of witness, poems about totalitarian & genocidal horrors, beginning with the Armenian genocide & ending with the wars in Yugoslavia.

That is where I found Rádnoti Miklós—the notebook where he wrote his last poems was discovered in his pocket, after he was exhumed from the mass grave where the Nazis dumped him. And where only the stubborn love of his wife, Fanni Gyarmati, could find him. The paper was soaked with the fluids of his decomposing body; they let the sheets dry in the sun—and there reappeared some of the most awful & most luminous poems a human being has ever written.

In his poems, Rádnoti recorded the prisoners' forced march, the executions on the road from the copper mines, in the Serbian city of Bor, toward Hungary (including the execution of his friend, the violinist Lorsi Miklós, shot in the back of the neck, "the way you too will die, in a few days," as Rádnoti wrote on the last day of October, 1944; and that's exactly how it happened—they shot him in the back of the neck a few days later), memories of Fanni (blindingly illuminated—epiphanies in the strongest, utterly sacred, sense of the word).

Fanni lived another 70 years, until February, 2014. She did not remarry. After her death, her journal of 1,300 pages appeared, where she talked about 1935–1946, years she had never discussed before. She made this journal appear out of nothing—just as she had brought his poetry back from the grave. She is the absolute hero of this poem, of this combination of nekya & kaddish.

În hârtia poemelor lui Rádnoti, îmbibată de carnea & creierul & inima lui, se îmbibase de fapt tot umanul.

(Numai când hârtia se îmbibă de corpul tău se cheamă că scrii cu adevărat.)

In the paper of Rádnoti's poems, soaked in his flesh & brain & heart, all humanity is saturated.

(Only when the paper is soaked in your body can you say you actually write.)

Aş putea să nu-mi aduc aminte de tine dragostea mea dar
lucrurile simple nu merită făcute Simplă e inima

care când moare a şi murit Simplu e creierul
care când se opreşte chiar s-a oprit

Dar groapa comună nu-i niciodată simplă Aici totul forfoteşte
până dincolo de sânge Ca-n poezie Ca-n dragoste Tu

dintotdeauna ai fost groapa noastră comună dragostea
mea Noi am trecut din prima secundă dincolo de sânge

(Doar pentru că scriu poemele astea
nu înseamnă că sunt viu)

Ce frumos răsar inimile peste groapa noastră
comună zice Miklós Şşşt zic morţii să nu le speriem

Şi ne uităm cum inimile alunecă pe deasupra
ca nişte peşti de lumină Fir întins strigă unul mai de la

margine Bă ce prost eşti le-ai speriat urlă vecinul lui
Ba nu s-au speriat boule Câteva inimi au coborât şi mai

I could avoid remembering you my love but
simple things aren't worth doing Simple is a heart

when it dies it dies Simple is a brain
when it stops it stops

But a mass grave is never simple Here everything simmers
even the blood Like in poetry Like in love You

were always our mass grave my love In the first
seconds we went even further than blood

(Just because I write these poems
doesn't mean I am alive)

It's beautiful, the way hearts rise over our mass
grave says Miklós Shhh say the dead let's not scare them

And we watch how hearts slide past above us
like fish of light Tight lines someone shouts from the

edge You scared them off you idiot shouts another
They're not scared dummy Some hearts drift lower

aproape Morții freamătă ca orfanii la o vizită de înfiere
O aud zice Miklós e Fanni a ta Inima ta ca un somon

de lumină coboară printre morți și începe să înoate
înspre mine

nearer The dead fidget like orphans on an adoption visit
I hear her say Miklós It's your girl Fanni Your heart is a salmon

of light It descends among the dead and starts to swim
toward me

Marii răniți – care, la concertele date de Enescu pentru ei pe front, se uneau câte doi pentru a putea să-l aplaude, atunci când aveau câte o mână amputată.

Whitman – care, în vremea Războiului Civil, s-a dus voluntar ca asistent medical pentru marii răniți, pentru marii mutilați, pentru muribunzii care mai aveau de trăit doar câteva zile, poate doar câteva ore. A vorbit & a condus înspre moarte sute de oameni; și-a folosit cuvintele & limbajul, așa cum Enescu și-a folosit muzica, pentru a alina corpuri & suflete aproape de distrugerea totală.

Enescu – spunând undeva că a văzut fețele marilor răniți anesteziate încă de la primele note & că asta-i ce face arta mai prețios, aduce „transformarea în suflet". Am invidiat muzica citind asta: nu cred că, în circumstanțele corpului distrus aproape total, poezia poate anestezia atât de rapid. Anestezicul ei e mai lent; durează mai mult până când cuvintele se dizolvă în sânge – &, purtate de el, ajung să se dizolve în creier – &, în cele din urmă, să dizolve creierul.

Poezia pansează – dar fără anestezic.

The gravely wounded—who attended George Enescu's concerts at the front, applauding him in pairs, each with one amputated hand.

Whitman—who during the Civil War volunteered as a nurse for the gravely wounded, for the gravely mutilated, for those who had only a few days to live, or maybe a few hours. He spoke & guided hundreds of people toward death; he used his words & language, just as Enescu had used music, to bring ease to bodies & souls close to their total destruction.

Enescu—who says somewhere that he saw how the faces of the gravely wounded were anesthetized by the first notes & this is what made art more valuable, it "transforms the soul." When I read this I envy music: I don't think that, when the body is almost totally destroyed, poetry can anesthetize so quickly. Its anesthesia is slower; words take longer to dissolve into the blood—& borne to the brain, they dissolve there—& in the end, they dissolve the brain.

Poetry wraps wounds—without anesthesia.

Dragostea mea când carnea mea se topea & se îmbiba
în carnețelul din buzunar știam că niciodată nu te-am

înșelat mai oribil Numai în carnea ta mai intrasem
ca în hârtia asta Nu Invers Numai carnea ta mai intrase

atât de adânc în mine Mă îmbibam & mă așteptam ca
paginile să înceapă să cânte chiar acolo în groapa

comună Cum cânta carnea mea după ce te îmbibai în ea
Cum a cântat neîntrerupt de când te-am văzut în stația de

tramvai de lângă Keleti & până când glonțul mi-a intrat
în ceafă aici la Abda lângă Győr N-ai să mă crezi când

o să-ți spun că și glonțul străbătând creierul îmbibat de
tine a început să cânte Dar toată groapa comună poate

depune mărturie că așa a fost Așa că-i un mic scandal
că paginile n-au cântat aici jos printre oase Cântecul

ne-ar fi făcut să uităm că nu mai aveam carne Cum ne
făcea înainte să uităm că avem carne La vreo 2 luni după

ce m-ai scos din groapă erai deja înapoi la Budapesta pe
strada Pozsony în patul nostru Ai scos carnetul din care

mă evaporasem & l-ai pus lângă tine în pat & l-ai
deschis A început să cânte ca o cutiuță muzicală Ai

My love when my flesh melted & saturated
the notebook in my pocket I knew that I had never

betrayed you more horribly Only your flesh had I entered
the way I did this paper No The opposite Only your flesh ever entered

me so deeply I soaked & expected the
pages to start singing right there in the grave

the mass grave The way my flesh sang after you soaked into it
The way it sang from the moment I saw you at the tram station

near Keleti & until the bullet went into my
neck here at Abda near Győr You won't believe

me when I say the bullet passing through a brain soaked in
you began to sing But the whole mass grave will be

my witness it happened So there's this small problem
the pages didn't sing here with the bones The song

would have made us forget we'd lost our flesh Like
we did before to forget we had flesh After about 2 months

they took me out of the grave you were already back in Budapest on
Pozsony in our bed You took out the notebook from which

I had evaporated & you put it beside you in bed & you
opened it It started to sing like a music box You

rămas întinsă & l-ai ascultat atentă cântând neîntrerupt
de atunci din iunie 1946 până în februarie 2014 când

te-ai ridicat din pat & ai închis carnetul & ai coborât aici
lângă mine M-ai îmbrățișat & am început să ne îmbibăm

liniștiți unul în altul ca în pământ Ca în hârtie Groapa
comună a început deodată să cânte ca o cutiuță

muzicală

lay there & listened carefully to ceaseless singing
from then june 1946 to february 2014 when

you got up from the bed & closed the notebook & came down here
beside me You embraced me & we started to soak into

each other quietly like into the ground Like into paper The mass
grave suddenly began to sing like a

music box

Încă o diferență între poezie și muzică: lui Enescu, muzica trecută prin corpurile & creierele marilor răniți nu i-a dizolvat creierul. Și-a terminat după război, în 1931, *Œdipe*-ul început în 1907, împreună cu alte câteva dintre marile lui compoziții. Whitman, în schimb, n-a mai putut compune nimic semnificativ după Războiul Civil; tot ce-i cu adevărat mare în poezia lui, adică cele 6 poeme majore, e scris înainte de '65. Și e ipoteza lui Harold Bloom că tocmai enorma încordare trăită alături de muribunzi i-a distrus aparatul poetic.

Cele câteva sute de creiere muribunde dizolvate în poezie i-au dizolvat propriul creier; inimile altora dizolvate i-au distrus propria inimă.

Nu-mi dau seama dacă asta spune că poezia e mai crudă decât muzica – sau dimpotrivă. Doar că e un dizolvant mai lent – însă mai tenace.

Another difference between poetry and music: to Enescu, the music that passed through the bodies & brains of the gravely wounded did not dissolve his brain. After the war, in 1931, he finished his *Oedipus*, begun in 1907, along with several of his other great compositions. Whitman, on the other hand, could not compose anything significant after the Civil War; everything truly great in his poetry, his six major poems, was written before '65. And Harold Bloom hypothesizes that precisely this enormous tension of living next to the dying destroyed his poetic mechanism.

The several hundred dying brains dissolved into poetry dissolved his own brain; others' dissolved hearts destroyed his own heart.

I can't tell whether this means poetry is cruder than music—or the opposite. Just that as a solvent it is slower—and more persistent.

Cum făceai Flammkuchen & te supărai pe cuptorul care
mereu îi ardea partea de jos Deși iubeai chestiile crocante

Cum îmi turnai mereu mai mult din ibricul de cafea
Deși iubeai cafeaua Cum alegeai mereu pentru mine porția

mai mare din *crème brûlée* Deși iubeai și asta Cum
ai tradus *Aurélia* a lui Nerval & te supărai pe el că s-a sinucis

înainte s-o termine Deși iubeai sinuciderile Cum încercai
să gemi cât mai puțin în orgasm Deși iubeai sexul Cum

te supărai când eu aveam orgasm pe tăcute Deși
iubeai tăcerea Cum te supărai că ești cu 3 ani mai mică

decât mine Eu sunt evident cea mai bătrână dintre noi
(Aveai dreptate Eu urma să mor la 35 tu la 102)

Toate astea iluminează orbitor groapa comună Aproape
cât iluminai tu în zilele triste groapa de sub cer

The way you made Flammkuchen & got angry at the oven that
always burnt the bottom Even though you loved crispy things

The way you poured me more coffee from the ibrik
Even though you loved coffee The way you always gave me the

bigger share of crème brûlée Even though you loved that too The way
you translated Nerval's *Aurélia* & you got angry that he killed himself

before finishing it Even though you loved suicides The way you tried
to moan as little as possible when you came Even though you loved sex The

way you got angry when I came silently Even though
you loved silence The way you got angry you were 3 years younger

than me I'm obviously the older one you said
(You were right I would die at 35 and you at 102)

All this illuminates the mass grave blindingly Almost as
much as you on sad days illuminated the grave below the sky

Încercarea mea de a prinde lumina în fraze. Fiindcă, așa cum spune undeva Eriugena, *omnia quae sunt, lumina sunt*.

De asta am cerut poeziei să construiască din cuvinte instrumente de captare a luminii & a frumuseții. Un dispozitiv de reglaj al cuvintelor care să facă lumina din ele să focalizeze, până când devine incandescentă. Frumusețea e grea, cum ziceau vechii greci & Yeats & Pound. Dar e singurul sens pe care-l găsesc literaturii: acela de a capta în cuvinte lumină & frumusețe. De a folosi cuvintele ca pe niște instrumente optice, nu ca pe unele sonore; ca pe niște instrumente de văzut, nu de auzit.

De asta cred într-o literatură care *se vede*, care strălucește pe pagină ca un joc de lumini.

My attempt to catch light in phrases. Because, as Eriugena says somewhere, *omnia quae sunt, lumina sunt.*

This is why I asked poetry to take words & build instruments to capture light & beauty. A word regulator to focus their light until it becomes incandescent. Beauty is hard, as the ancient Greeks & Yeats & Pound said. But it's the only meaning I can find for literature: to capture light & beauty in words. To use words like instruments for the eyes, not the ears; like instruments for sight, not hearing.

This is why I believe in literature that *we see*, that shines on the page like the play of light.

Știu ce te întrebi Sigur că m-au împușcat aici la Abda
lângă Győr Sigur că aici e groapa noastră comună lângă

memorial Sigur că Fanni m-a găsit aici după 2 ani & m-a
mutat în cimitirul Kerepesi din Budapesta Dar eu tot

în groapa comună din Abda am rămas Tot din groapa comună
scriu Nici nu se poate scrie de altundeva Știu ce te

întrebi Da Și tu mă citești acum tot din groapa
comună Și Starbucksul în care Vancu scrie acum despre

noi e tot din groapa comună Și pozele de azi ale
telescopului Webb sunt tot din groapa comună Oasele

noastre de aici din Abda nu-s deloc mai puțin colorate
& sexy decât pozele alea ale unui univers mort de 13

miliarde de ani Salut Mă numesc Universul și sunt o groapă
comună Salut Mă numesc Literatura și sunt o groapă

comună Salut Mă numesc Radnóti și Știm Știm strigă
oasele De la piramide la Google Photos n-am făcut decât

să ne inventăm gropi comune Deci da Așa e Lângă
poemele asta chiar stai ca lângă o groapă comună

Când le citești chiar dezgropi cu adevărat pe cineva Oasele
din ele chiar au fost vii & vor fi iar vii Dar nu te teme De

I know what you're wondering Yes they shot me here at Abda
near Győr Yes here is our mass grave next to the

memorial Yes Fanni found me here after 2 years & moved
me to the Kerepesi cemetery in Budapest But I am

still in the mass grave in Abda I still write in the mass
grave Impossible to write anywhere else I know what you're

wondering Yes And you are reading me in the mass
grave And the Starbucks where Vancu writes about

us is also in the mass grave And the pictures today from
the Webb telescope are also in the mass grave Our bones

here in Abda are no less colorful & sexy than the
pictures of a universe that's been dead for 13

billion years Hi My name is Universe and I am a mass
grave Hi My name is Literature and I am a mass

grave Hi My name is Radnóti We know We know the bones
shout From the pyramids to Google Photos all we've done is

invent mass graves for ourselves So yes That's it Beside
these poems you lie beside a mass grave

When you read them you disinter someone The bones in
them were alive & will be alive again But don't be scared From

aici nu ne va putea muta nimeni Dacă ai citit poemele
astea oasele tale & oasele noastre vor râde fericite împreună

în groapa lor Vom vedea împreună cum cineva apasă
butonul *select all* pentru toate imaginile lumii Inclusiv

cele cu telescopul Webb & primele imagini ale universului
Vom vedea cum apasă apoi butonul *delete forever* Vom

asculta apoi atenți Vom auzi fără prea mult efort cum oasele
tale & oasele noastre râd împreună aici în groapa comună

(Însă doar pentru că scriu asta
nu înseamnă că sunt viu)

here no one can move us If you read these poems
your bones & our bones will happily laugh together

in their grave We will watch together someone push
select all for all the images in the world Including

the ones from the Webb telescope & the first images of the universe
We will then watch someone push *delete forever* We will

then listen carefully We will hear without much work how the bones
yours & ours laugh together here in the mass grave

(Yet just because I write
doesn't mean I am alive)

Uluirea cu care colegii mei de groapă comună descoperă că lumea din jur e reală mi-a rupt dintotdeauna inima.

Și înainte de moarte, și după ea.

The shock of my mass grave-mates, when they discover the world around them is real, has always and utterly broken my heart.

Before death and after.

(Doar pentru că scriu poemele astea
nu înseamnă că sunt viu)

Să scrii chestii invincibile mi-ai spus cândva
Invincibil: Un creier îndrăgostit prin care tocmai trece glonțul

Invincibile: Toate propozițiile astea hărtănite vorbind despre ele însele
Invincibile: Morți povestind muribunzilor viitorul lor orbitor

Invincibile: Sânge vorbind sânge
Invincibile: Răni făcând răni

Invincibil: Un mort îndrăgostit
prăbușit peste propoziții aproape umane

Invincibile: Cuvinte deschizând peste pagină veziculele lor inflamate
Invincibile: Să le râcâi Să le rupi Să le faci rana cu adevărat vie

(Just because I write these poems
doesn't mean I am alive)

Write invincible things, you told me once
Invincible: A brain in love where a bullet just passed

Invincible: All these tawdry sentences talking about themselves
Invincible: The dead telling the dying about their luminous future

Invincible: Blood speaking blood
Invincible: Wounds making wounds

Invincible: A dead man in love
collapsed over quasi-human sentences

Invincible: Words on the page opening their inflamed veins
Invincible: To claw them To tear them To make the wound alive

Să vadă și ele *cum e*
Invincibile: Cuvinte pe care le poți râcâi ca pe o rană

Invincibil: Un mort îndrăgostit
prăbușit peste propoziții de răni & oase

Invincibile: Copilul din orfelinat mușcându-și & mestecându-și
hămesit
carnea de pe dosul palmei

Invincibile: Cuvintele orfane & dinții lor de celuloză otrăvită
mușcându-te mestecându-te hămesite

(Doar pentru că scriu poemele astea
nu înseamnă că sunt viu)

Invincibil: Un mort îndrăgostit într-o groapă comună
strivit sub propoziții ca sub imperii totalitare

So they can see *how it is*
Invincible: Words you can claw at like a wound

Invincible: A dead man in love
collapsed over wounds & bones in sentences

Invincible: An orphaned child gnawing & chewing on
the flesh in the heel of his hand

Invincible: The orphaned words & their poisoned celluloid teeth
gnawing & chewing on you in hunger

(Just because I write these poems
doesn't mean I am alive)

Invincible: A dead man in love in a mass grave
crushed beneath sentences like totalitarian empires

Singura formă de vegetație din *Infernul* lui Dante e pădurea de sinucigași din Canto 13. După ce mor, sinucigașii devin niște arbori contorsionați și țepoși, forme vegetale chinuite, așa cum au fost în timpul vieții (unul dintre cele mai puternice exemple de *contrapasso* din tot *Infernul*), cărora dacă le rupi o crenguță țâșnește sânge – și care nu pot vorbi decât dacă sunt rupți & sângerează.

Pentru mine, nu amorul dintre Paolo Malatesta & Francesca de Rimini e „micul paradis din infern", cum îl numea Borges – ci locul ăsta unde cuvintele & sângele sunt același lucru.

Constrângerile sintaxei & topicii, esențiale la Dante: de pildă, în episodul sinucigașilor, sintaxa devine contorsionată & țepoasă, pentru a imita formele vegetale ale bieților damnați. Limbajul se face atât de contorsionat & de țepos, încât ai certitudinea că, dacă ai rupe o mlădiță din el, ar țâșni sânge.

The only form of vegetation in Dante's *Inferno* is the forest of the suicides in Canto XIII. After they die, the suicides become twisted, thorny bushes, tortured vegetable forms, as they were in their lifetimes (one of the most powerful *contrapasso* in the whole *Inferno*), whose branches, if you break them, spout blood—and with whom you cannot speak unless they break & bleed.

For me, the love of Paolo Malatesta & Francesca de Rimini is not the "little paradise in the inferno," as Borges calls them—but this place, where words & blood are the same.

Constrictions of syntax & subject are essential to Dante: for example, in the story of the suicides, the syntax turns twisted & thorny, to imitate the vegetable forms of the poor and damned. The language is so twisted & thorny that you know if you broke off a stem, it would spurt blood.

Să scrii ca și când lași un sânge rău să iasă
Distruși reparând distruși –

homeleși ajutând pe cei cu casă
Refugiata din gara Keleti așezată pe sacul de dormit

privind cu milă stelele rănite din cer
O inimă privindu-și cu milă sângele putrezit

Fumegă ca o tămâie stricată canalul
Refugiata scoțând o Biblie din rucsac

& citind-o cum și-ar citi Refugiatul din cer jurnalul

(Doar pentru că scriu poemele astea
nu înseamnă că sunt viu)

To write as though you're letting out bad blood
The destroyed repairing the destroyed—

the homeless helping those with homes
The refugee from Keleti station sitting on her sleeping bag

looking with pity at the sky's wounded stars
A heart looking with pity at her rotted blood

The sewer smokes like sour incense
The refugee taking a Bible from her backpack

& reading the way heaven's Refugee would read his journal

(Just because I write these poems
doesn't mean I am alive)

Canto 14 din *Paradis*, cel cu învierea corpurilor – Dante rezolvă problema tehnică a reconstrucției cărnii în jurul sufletului cu o comparație elaborată: așa cum cărbunele care generează flacăra e uneori mai alb decât ea, tot așa carnea *gloriosa e santa* se va reface în jurul sufletului mai orbitoare decât el. Încât carnea aia „glorioasă și sfântă" va fi sufletul strălucitor al viitorului nostru trup etern.

În Matei 22, răspunsul lui Isus la întrebarea saduceilor, care „spun că nu există înviere" &, pentru a-l încurca pe Isus, îi pun problema văduvei care a avut șapte bărbați – întrebându-l a căruia dintre ei va fi după înviere. Iar Isus le răspunde că, după înviere, „nici nu se vor însura, nici nu se vor mărita, ci vor fi ca îngerii din cer".

Sunt și acum scandalizat – nu mă poate interesa o înviere în care „nici nu se vor însura, nici nu se vor mărita", dimpotrivă, mă interesează o Resurecție generală în care vom fi toți *a big happy family*, cu memoriile personale intacte (inclusiv memoriile maritale), în care carnea strălucește pe noi plină de memorie – întru totul diferită de carnea non-mnezică a îngerilor.

Fiindcă tocmai asta o face să strălucească mai orbitoare decât sufletul: memoria personală care arde nestins în ea.

Canto XIV in *Paradiso,* the resurrection of the bodies—Dante solves a technical problem, the reconstitution of the flesh around the soul, via an elaborate comparison: just as charcoal is sometimes whiter than the flame it generates, the *gloriosa e santa* flesh reconstructs itself around a soul more brilliant than itself. That "glorious and holy" flesh will be the shining soul of our future eternal body.

In Matthew 22, Jesus's response to the Sadducees, "which say that there is no resurrection" &, trying to trip Jesus up, ask him what of the widow who had seven husbands—which one will be hers after the resurrection. Jesus answers that, "in the resurrection they neither marry, nor are given in marriage, but are as the angels of God in heaven."

This shocks me, even now—I can't be interested in a resurrection in which "they neither marry, nor are given in marriage," on the contrary, I'm interested in a general Resurrection where we are all *a big happy family*, with our personal memories intact (including marital memories), where our flesh is brilliant with memory—completely different from the non-mnesic flesh of angels.

Because this is just what makes it shine more brilliantly than the soul: personal memory ever burning within.

Scriu pentru ca morții mei să mă iubească mai mult

Sub orice poem pe ultimele rânduri ale fiecărei pagini
se presară rumeguș Ca la măcelării Rumegușul din josul

fiecărei pagini e îmbibat de sânge
Deasupra atârnă carcase de fraze însângerate

Pipăie-l tu care citești acum asta Pipăie partea de jos a
paginii Simte sângele îmbibat în rumegușul de cuvinte

& cutremură-te de milă & scârbă E și sângele meu
E și sângele tău

Dumnezeu intrând în măcelăria asta de cuvinte
& punându-și mâinile-n cap & întrebând: Aoleu

cine v-a lucrat aici? Și-n vreme ce el se pune pe înjurat
& reparat & meșterit mă întind pe rumegușul însângerat

I write so my dead will love me more

Beneath every poem on the last lines of the page
they sprinkle sawdust Like a butcher Sawdust at the bottom

of each page sodden with blood
From the top hang the carcasses of bloody lines

Touch it You reading this now Touch the bottom of
the page Feel the blood in the sodden sawdust of words

& tremble with pity & disgust It is my blood
It is yours

God walks into this butcher shop of words
& puts his hands on his head & asks: My o my

who's been working here? And while he starts swearing
& repairing & cleaning up I lie down on the blood and sawdust

Și mă uit cum deasupra mea plutesc carcase însângerate
& cum deasupra mea atârnă în cârlig de măcelărie creierul

meu Și cum din creierul meu aburesc morții mei & cuvintele
mele & se aștern peste inimă în rotocoale ca spuma pe

cappuccino Se aude cum el bea o gură de cappuccino
apoi înjură & repară Se vede cum morții mei desenează

toppinguri colorate peste poeme Cu cât înjură el mai enervat
cu atât mai colorat e toppingul N-am cum să termin azi futu-i

urlă Dumnezeu E treabă de mântuială Mă simt cumva vinovat
Dar și enervat Știu că acum va cere mai mult Așa că nu mă ridic

Dau din umeri Să facă el treaba murdară De asta-l plătesc
Așa-i trebuie dacă nu i-a plăcut Cartea

El înjură tot mai urât Morții mei sunt acum
holograme de vanilie & ciocolată cu extratopping sclipicios

Dinspre el miroase acum a carne putredă
Morții mei sau poate carnea mea miros acum a zahăr ars

(Doar pentru că scriu poemele astea
nu înseamnă că sunt viu)

And I watch the bloody carcasses floating above me
& above me hanging from a butcher's hook I see my

brain And from my brain fall my dead in mists & my
words & they lay in rings over my heart like foam on

cappuccino He audibly sips his cappuccino
then swears & repairs My dead sprinkle

multicolor toppings on the poems The more angrily he swears
the more colors in the toppings I can't finish it all today fuck it

God shouts It needs salvation Somehow I feel guilty
But also mad Now I know he'll ask for more money So I don't get up

I shrug Let him do the dirty work That's why I pay him
That's what he gets if he didn't like the Book

He swears worse and worse My dead are now
vanilla & chocolate holograms with shiny bonus toppings

From him the smell of rotten meat
My dead or maybe my flesh smells like caramel

(Just because I write these poems
doesn't mean I am alive)

Manetti & Vellutello au construit, în secolul 16, reprezentări geometrice ale infernului lui Dante (con obținut prin rotirea unui triunghi echilateral la Manetti, tronconică & cu un cilindru străbătând ca o țepușă centrele trunchiurilor de con suprapuse a lui Vellutello).

Inginerii moderni au făcut studii de rezistența materialelor aplicate pe modelele astea – și au decis că nu țin: așa cum e el reprezentat în geometriile lui Manetti & Vellutello, infernul s-ar prăbuși.

Studii de rezistența materialelor aplicate pe infern: nu cunosc o mai precisă definiție a literaturii.

Manetti & Vellutello, in the 16th century, built geometrical models of Dante's inferno (Manetti made a cone by rotating an equilateral triangle; Vellutello, a truncated cone pierced by a stake-like cylinder through all the superimposed cores).

Modern engineers studied the durability of these models' materials—and determined they won't hold: as represented in the geometries of Manetti & Vellutello, the inferno would collapse.

Material durability studies for the inferno: I don't know a more precise definition of literature.

Când am plâns cine dintre voi m-a auzit poemelor
Care dintre voi mi-a ținut în poală creierul

infectat Câte dintre voi ați adus un pahar de apă
inimii bătrâne care v-a crescut

Răsfățatelor Poeme de bani gata Poeme care
n-ați adormit niciodată cu stomacul gol Poeme

peste care duhul n-a căzut niciodată ca
rachetele peste un oraș asediat

(Doar pentru că scriu poemele astea
nu înseamnă că sunt viu)

Poeme peste care duhul se poartă
ca zahărul ars peste grișul cu lapte

Și totuși în groapa mea comună numai gustul
vostru de griș cu zahăr ars îl am în gură Tonele

de moloz cu sânge plutesc ca o pulbere fină
în lumina voastră dulce Nici pe fundul gropii

When I cried, who among my poems heard me
Who among you held in your lap my infected

brain Who among you offered a glass of water
to the aged heart that raised you

Spoiled rotten Poems of ready money Poems that
never went to bed on an empty stomach Poems

over whom the spirit never fell like
missiles on a besieged city

(Just because I write these poems
doesn't mean I am alive)

Poems on which the spirit acts
like caramel on creamed wheat

And yet in my mass grave nothing but the taste
of you of wheat with caramel is in my mouth These heaps

of bloody debris float like fine dust
in the sweetness of your light Not even the bottom

comune nu se poate scăpa de lumina voastră
dulce Să vă fie rușine

În locul vostru aș intra în pământ

of the mass grave escapes your sweet
light You should be ashamed

If I were you I’d dive into the earth

Poezia e substanța de contrast a istoriei.

Îi documentează patologiile; îi enunță & denunță bolile și leziunile; îi indică necontenit răul – &, implicit, postulează că bunătatea există. Pentru asta, poezia folosește frumusețea ca pe un marker esențial; toate constelațiile enorme de imagini acumulate în cele vreo patru mii de ani de poezie, în toate culturile și în toate limbile, nu spun decât asta:

Chiar dacă istoria e o oroare, bunătatea există – & frumusețea e urma trecerii ei prin lume.

Poetry as the contrast dye of history.

It documents pathologies; it pronounces & denounces history's diseases and lesions; it points relentlessly to evil—&, implicitly, postulates the existence of good. To do this, poetry uses beauty as its marker; all the enormous constellations of images accumulated in the four or so thousand years of poetry, in all cultures and all tongues, say no more than this:

Even if history is full of horrors, good exists—& beauty is its footprint in the world.

S-a scris dar s-a și murit A fost sânge dar a fost
și sânge Și lumina ca o coajă peste toate

Tu treci și strângi lumina peste tine Ca o coajă Ca
un sânge Ca un scris Îmi aduc aminte cum arată

Fața ta în orgasm Întâi ochii ți se strângeau apoi se
dilatau ce curgea din ei părea lumină dar era sânge

(Doar pentru că scriu poemele astea
nu înseamnă că sunt viu)

Ai trecut de Starbucksul în care scriu M-ai privit Ochii
ți s-au strâns apoi s-au dilatat Ți-ai pus ochelarii de soare

Dar în urma ta nu mai e soare Nici înaintea ta n-a fost Singura
speranță e că s-a scris dar s-a și murit

People wrote but people also died There was blood but there was
also blood And light a skin over everything

As you pass you gather light over you Like a skin Like
a blood Like a writing I remember how it looks

Your face when you came First your eyes closed tight then they
dilated what flowed from them looked like light but was blood

(Just because I write these poems
doesn't mean I am alive)

You passed by the Starbucks where I write You looked at me Your
eyes closed tight then dilated You put on sunglasses

But after you there was no sun Not before you either The only
hope is that people wrote but people died

Frumusețea nu-i un fenomen estetic. Sau, dacă-i tratată strict ca un fenomen estetic, duce întotdeauna în artă la minorat și sterilitate – ca la decadenți sau la hermetici. Frumusețea nu capătă sens în literatură decât asociată cu problema răului. Care, evident, e una deopotrivă etică, socială, politică, economică, mistică & în atâtea alte feluri. Abia în conjuncție cu toate astea frumusețea devine cu adevărat relevantă.

Izolată de ele, e doar moft, fandoseală, sclipici, brizbriz, moartea pasiunii & artei. Împreună cu ele, devine carnea & sângele dintotdeauna ale literaturii.

(Vulnerate & invulnerabile – ca orice carne, ca orice sânge.)

Beauty is not aesthetic. Or, if it is treated strictly as aesthetic, it produces trivial and sterile art—like the Decadents or Symbolists. Beauty makes no sense in literature except in relation to the problem of evil. One which, clearly, is also an ethical problem, and social, political, economic, mystic & so many other things. Only in connection with all this does beauty become truly relevant.

In isolation, it is nothing but pretension, affectation, flash, gaudiness, the death of passion & art. In connection, it becomes the original flesh & blood of literature.

(Vulnerated & invulnerable—like any flesh, like any blood.)

Scrii cum ai încerca de pe fundul gropii comune să te
întinzi & să-ți mângâi vecinii de moarte Să-ți treci ca

pe niște mâini mângâietoare poemele peste craniile lor de pe
care carnea s-a șters ca o eroare & să simți carnea

tremurând consolată Convinsă pentru prima oară că n-a
fost o eroare Să-ți apleci ca pe o ureche răbdătoare

poemele peste cuștile piepturilor din care inima s-a șters
ca o eroare & să asculți până când auzi inima oprindu-se

din plâns Convinsă pentru prima oară că tot ce a trecut
prin ea n-a fost o eroare Să-i recunoști după cum

tremură fosta carne După cum hohotește fosta inimă
Ce nu mai e aici carne cântă Precum carnea prietenului meu

violonist Miklós Lorsi Uite cum îmi cântă carnea ca o vioară
zice uimit Miklós chiar de aici de lângă mine

chiar în vreme ce notez versurile astea Nu te speria
Miklós Cu poezia poate fi și așa Carnea cântă mai bine

după moarte Și cu viorile e la fel zice Miklós Altcineva
din groapa comună zice Te pomenești că și fututul

O fi mai bun după moarte țipă Zoli Oasele râd toate sau poate
Nu chiar toate Recunosc că râd și eu Și-mi trec poemele

Write like you're at the bottom of a mass grave and you're trying
to stretch & caress your neighbors in death To pass your

poems like caressing hands over their skulls where
the flesh was erased like an error & feel the

consoled flesh tremble Certain for the first time it is not
an error Bow your poems down as though a patient

ear bends over the cages of their chests where their hearts were
erased like a mistake & listen until you hear the heart stop

crying Certain for the first time that everything that's passed
through it was not a mistake Know it by the trembling

of former flesh By the former heart's laughter What is
no longer here sings the flesh Like the flesh of my friend

the violinist Miklós Lorsi Listen my flesh sounds like a violin
Miklós says amazed from right beside me

Just as I write these lines Don't be afraid
Miklós Poetry can be like that too Flesh sounds better

after death Just like violins says Miklós Someone else
from the mass grave says Maybe the fucking too

Maybe it's better after death shouts Zoli The bones all laugh or maybe
Not all of them I admit I'm laughing And my poems pass

Precum niște mâini mângâietoare peste oasele astea care râd
ca niște adolescenți virgini când aud vorbindu-se despre sex

Care tremură în groapa comună cum au tremurat în pat
Care se umezesc deodată de lacrimi și spermă

Vedeți poemele mele astea sunt oase asta e moartea ăsta e râsul
Îmi trec palma mângâietoare peste voi și

vă simt umede la atingere Ce copii sunteți poemele mele ce
oase bătrâne tremurând într-o groapă comună

(Doar pentru că scriu poemele astea
nu înseamnă că sunt viu)

Like caressing hands over the bones giggling
like teenage virgins when the topic turns to sex

Who shake in the mass grave the way they shook in bed
Who dampen suddenly with tears and sperm

You see my poems These are bones This is death
This is laughter I pass my hand over you and

You're wet to the touch Such children you are my poems Such
old bones shaking in a mass grave

(Just because I write these poems
doesn't mean I am alive)

Francis Bacon, într-o discuție din 1932 cu verișoara lui, Diana Watson:

– Numai dacă ceva e grav avariat îl pot considera frumos.

(Sau așa cumva – am citit fraza asta acum vreo 100 de pagini în monumentala biografie a lui Bacon tocmai apărută, cumpărată de la Literaturhuset din Oslo, & o traduc din memoria mea din care toată lumina a fost extrasă. Senzația obiectivă că înăuntrul craniului meu nu mai există nici o lumină.)

(Poate că Bacon mi-ar fi putut aprecia creierul drept frumos.)

Francis Bacon, in 1932, in conversation with his cousin, Diana Watson:

—Only if something is seriously damaged do I find it beautiful.

(Or something like that—I read this line about 100 pages ago in the monumental biography of Bacon that just came out, which I purchased from the Literaturhuset in Oslo, & I am translating from my memory from which all light has been extracted. The objective sensation that in my cranium there is no light at all anymore.)

(Bacon might have found my brain beautiful.)

Numai poezia e muncă ziceai Numai tu muncești Radnóti
când stai cu burta-n sus în pat & scrii sonete Restu-i doar viață

Poate că și moartea-i muncă Cum stau cu burta-n sus în
groapa comună & aștept să vii să mă dezgropi Cu ce-i

diferit asta de poezie Nu-i sonet Nu-i formă fixă Ar fi
culmea ca și moartea să aibă formă fixă Poate că infernul

e o moarte cu formă fixă Copiii gemeni morți simultan de
epuizare în marș îngropați în stânga lui Miklós râd Deci zici

că noi aici muncim Râd aproape toți Deci și moartea e
lagăr de muncă Vai de capul nostru Deci și poezia e lagăr

de muncă șoptește visător Miklós Deci și fututul e lagăr
de muncă hohotește Zoli Celelalte oase zic despre Zoli

c-a venit în minele de cupru din Bor fără să fie evreu
Doar ca să-și salveze iubita Au murit împreună Ca

gemenii Oasele zic că Zoli a murit virgin Oasele râd
Toată groapa comună râde Stăm cu burta-n sus ca

poeții Muncim până murim Muncim până înviem
Groapa comună moare de râs E veselă ca liceul de fete

în care te-am cunoscut când tu aveai 14 & eu 17 Ca nopțile
noastre din strada Pozsony Fixitatea ochilor tăi măriți în

Only poetry is work you said Only you work Radnóti
when you're belly-up in bed & writing sonnets The rest is just life

Maybe death is work I'm lying belly-up in a mass
grave & waiting for you to exhume me How is that

different than poetry It's no sonnet It's not a form That would
top it all if death had a form Maybe the inferno

is death with a form The twin children who died simultaneously of
exhaustion on the march buried to Miklós's left laugh So according

to you we're working here Almost everyone laughs So death is
a work camp Hoo boy So poetry is also a work

camp whispers Miklós dreamily So fucking is a work
camp laughs Zoli The other bones say that Zoli

went to the Bor copper mines when he wasn't even Jewish
Just to save his girlfriend They died together Like

twins The bones say Zoli died a virgin The bones laugh
The whole mass grave laughs We're belly-up like

poets We work 'til we die We work 'til we live again
The mass grave dies laughing It's as happy as the girl's school

where I met you when you were 14 & I was 17 Like our
nights on Str. Pozsony The stillness of your eyes wide in

orgasm Orgasmele tale cu formă fixă Uite că și paradisul poate să aibă formă fixă

(Doar pentru că scriu poemele astea
nu înseamnă că sunt viu)

orgasm Your fixed-form orgasms Look even paradise
can have a form

(Just because I write these poems
doesn't mean I am alive)

Eliot & Rilke au scris în aceiași ani (1915–1925) zeci de poeme în franceză – fără să înțeleagă prea bine de ce o făceau. Eliot mărturisește, într-un interviu târziu din 1959 (& fără să facă legătura cu Rilke – care mie mi se pare evidentă), că n-a înțeles niciodată de ce a scris poemele alea în franceză – mai ales că e sigur că nimeni nu poate deveni un poet superlativ în două limbi deodată.

Mie mi se pare evident că, pe de o parte, cea mai bună poezie în limba franceză a acelor ani e (alături doar de Apollinaire) cea scrisă de austriacul Rilke & de americanul Eliot; & că-i ultima zvâcnire a marii poezii franțuzești – care-și căuta disperată niște corpuri (lingvistice & umane) care să-i mai alimenteze flacăra. Și i-a găsit pe ei trei – prin corpurile cărora (lingvistice & umane) a vorbit & a ars.

Disperarea poeziei în fața morții proprii e disperarea oricărui corp viu în fața morții proprii; se agață de orice alt corp viu, e geloasă pe orice alt corp viu, speră irațional să poată împrumuta viața oricărui alt corp viu. În cazul poeziei franceze, aceste trei corpuri vii pe care le-a mai identificat chiar așa, drept *vii*, au fost cele ale lui Apollinaire, Rilke, Eliot. Și s-a agățat de ei – & a ars cu ei, prin ei – *i-a* ars.

Iar poeziei nu i-a folosit asta nici mai mult, nici mai puțin decât oricărui alt corp viu confruntat cu propria moarte în desfășurare.

(Ce naivă ești, poezio, ce copil mic ai rămas – după 4.000 de ani de adnotat suferința umană.)

Eliot & Rilke, during the same years (1915–1925), wrote dozens of poems in French—without knowing exactly why. Eliot states, in a late, 1959 interview (& without making the connection to Rilke—one that to me is obvious), he never understood why he wrote poems in French—especially since no one can become a great poet in two languages at once.

It seems obvious to me that, on the one hand, the best poetry written in French at that time (only Apollinaire comes close) was written by the Austrian Rilke & the American Eliot; & that it is the last heartbeat of great French poetry—a tradition desperate for bodies (linguistic & human bodies) to feed its flame. And it found those three—through whose bodies (linguistic & human bodies) it spoke & it burned.

The desperation of poetry in the face of its own death is the same desperation of any living body in the face of its own death; it clings to any other living body, in the irrational hope that it may borrow the life of any other living body. In the case of French poetry, the three living bodies that it identified as such, as *living*, belonged to Apollinaire, Rilke, Eliot. And it clung to them—& it burned with them, through them—*it burned them.*

Poetry did nothing more, nothing less than would any living body confronted with its own death in process.

(How naïve you are, poetry, what a child you remain—even after 4,000 years of notes in the margins of human suffering.)

Stau aici întins în groapa comună și mă gândesc la vremea
când nu mă mai iubeai dragostea mea E adevărat că eu

plecasem cu dactilografa Tinni Eu evreu ungur Ea ariană bavareză
Ne simțeam practic într-un *ménage à trois* cu Hitler Ăsta era

cel mai romantic lucru dintre mine & Tinni Dar ne-am plictisit
repede Tinni avea orgasme dulci dar mustața lui Hitler de pe

fața ei zgâria tot mai tare Și nici nu se vedea aproape niciodată
moartea la capătul orgasmelor ei Cum se vedea aproape întotdeauna

la ale tale Orice iubire-i un *ménage à trois* cu moartea Tinni
a urlat că mă denunță când i-am spus că plec Atunci s-a văzut un pic

de moarte pe fața ei dulce După ce m-am întors nu mi-ai
vorbit vreme de două anotimpuri Stăteam în camera de sus a

casei din strada Pozsony întins pe spate în pat cum stau acum în
groapa comună & jucam șah singur Seara te întindeai lângă mine

în pat & te întorceai cu spatele la mine & adormeai imediat Mă
simțeam ca-ntr-un mormânt văruit În patul nostru venise deja

moartea Dar eram fericit Toate partidele pe care le-am jucat singur
în alea două anotimpuri cât moartea le-am pierdut După ce au trecut

primăvara & vara te-ai întors înspre mine m-ai luat în brațe
& m-ai iubit iar

I lie my body down in the mass grave and think of the time
when you didn't love me any more my love It's true I

had run off with Tinni the typist Me a Hungarian Jew She an
Arian Bavarian
We felt like we were in a *ménage à trois* with Hitler This was

as romantic as it got between Tinni & and me But we got bored
quickly Tinni had sweet orgasms but her Hitler mustache scratched

my face worse and worse And death almost appeared
after her orgasms They way it almost always is

with yours Any love is a *ménage à trois* with death Tinni
shouted she would turn me in when I said I was leaving Then it appeared

a little death on her face After I came back you didn't talk
to me for two seasons I sat upstairs in the

house on Str. Pozsony lying in bed the way I'm lying now in
the mass grave & played chess alone At night you laid beside me

in bed & you turned your back & fell right asleep I
felt like I was in a grave under lime Into our bed had come

death But I was happy All the games I played alone
during those seasons long as death I lost After

spring & summer were over you turned back toward me and
took me in your arms & loved me again

(Doar pentru că scriu poemele astea
nu înseamnă că sunt viu)

Acum în groapa comună singur în anotimpul ăsta al morții
aștept să te întorci înspre mine & să mă iei în brațe

& să înceapă iar

(Just because I write these poems
doesn't mean I am alive)

Now in the mass grave alone in this season of death
I wait for you to turn toward me & take me in your arms

& for it to begin again

Shelley vedea făpturi care-l vizitau – în miezul zilei, nu doar noaptea. Cel mai adesea vedea un copil care-i făcea cu mâna & era șocat că ceilalți nu vedeau copilul, care pentru el era prezent fizic în cel mai obiectiv mod.

(Edward Williams, care avea să moară înecat alături de el, consemnează undeva asta.)

Îl înțeleg perfect. Și pentru mine e șocant cât de puțini vedem groapa comună care ne face prietenoasă cu mâna în miezul oricărei zile.

Shelley was visited by creatures—in the middle of the day, not only at night. Most often he saw a child who waved to him & he was surprised no one else could see the child, who was physically present in the most objective way.

(Edward Williams, who drowned alongside him, wrote about this somewhere.)

I understand him perfectly. For me, too, it's shocking how few people see the mass grave waving to us, so friendly, every day.

Ei zic că cine iubește nu îmbătrânește Așa e Eu te iubesc
& sunt tânăr ca o groapă comună

peste care tocmai s-a întins varul

Ei zic că cine privește cerul privește în el însuși Nu
știu dacă-i așa dar noi care din groapa comună

privim numai pământul de deasupra noastră amestecat cu
oasele noastre & cu resturile noastre de îmbrăcăminte

chiar privim în noi înșine De 80 de ani mă uit neîncetat
numai la pământul ăsta care suntem noi & te văd neîncetat

numai pe tine Mă îngrozește gândul că într-o zi în loc să
te văd pe tine voi vedea cerul

They say whoever loves does not age That's true I love you
& I'm as young as a mass grave

where lime has just been spread

They say whoever looks at the sky looks at himself I don't
know if that's true but we in the mass grave

only see dirt above us mixed with our
bones & the remains of our clothes

we literally are looking at ourselves For 80 years I'm steadily looking
at this dirt that we are & I see you steadily

just you I'm frightened by the thought that one day instead of
seeing you I'll see the sky

N-am nici un plan de evadare – nici înapoi înspre viață, nici înainte, spre orice o mai fi.

Mi-am construit, din toate cuvintele astea îmbibate de sânge & carne, micul adăpost de frumusețe tocmai ca să nu fiu nevoit să mai ies din el.

Când voi putea trage ultima lespede peste el, ca pe un capac de sicriu, voi fi fericit: în sfârșit, nu voi mai pleca de aici.

I don’t have an escape plan—not back to life, not forward, toward whatever may be.

I have built for myself, from these babbling words of blood & flesh, a small shelter of beauty precisely so I won’t need to come out.

When I am able to pull the last slab over it, like the lid on a mausoleum, I will be happy: at last, I will never leave.

Ei zic că fericiții sunt întotdeauna periculoși
ca orice refugiat din paradis Suntem deci periculoși

aici în groapa comună cântând sub cerul care suntem
noi & sub pământul care suntem noi

(Doar pentru că scriu poemele astea
nu înseamnă că sunt viu)

Ei zic că trebuie întins var peste cer ca peste
orice groapă comună Au dreptate dar e tardiv Chestia

trebuia făcută acum câteva milenii Dar tu & cu mine
ne-am făcut datoria Orgasmele noastre cele mai bune

dezinfectau hectare întregi de cer

They say that the dangerous are always happy
like any refugee from paradise We are thus dangerous

here in the mass grave singing beneath the sky that we
are & under the ground that we are

(Just because I write these poems
doesn't mean I am alive)

They say that the sky needs lime like
any mass grave They are right but a bit late It's

been waiting a few millennia But you
& I did our part Our best orgasms

disinfected hectares of sky

Apophrades – Bloom numește așa a șasea manieră (și ultima) a preluării & deformării creatoare a antecesorilor. La greci, *apophrades* erau zilele în care morții se întorceau să locuiască în casele care le aparținuseră pe când erau vii. Reprezintă, așadar, chiar întoarcerea morților. Bloom însuși o consideră astfel & scrie că *apophrades* e acea formă a anxietății influenței în care scriitorul își deschide deliberat poemul marilor morți dinaintea lui.

Este ce face Pound &, după el (& apoi dimpreună cu el), Eliot & Joyce: fiecare dintre ei își concepe *opus magnum* ca pe un extraordinar exercițiu de *apophrades*. Pe care se va funda instantaneu întreaga modernitate.

Înțelegerea literaturii ca reînviere a morților. Înțelegerea cuvintelor drept cărămizi ale caselor în care încercăm, din răsputeri & disperați & plini de speranță, să ne ademenim morții iubiți. Și pe cei trecuți, și pe cei viitori – deopotrivă.

Alt sens nu poate fi.

Apophrades—Bloom gives this name to the sixth (and last) form of creative theft & deformation of one's antecedents. For the Greeks, *apophrades* were the days in which the dead returned to live in the houses they owned when they were alive. It means, therefore, the return of the dead. Bloom calls it that & writes that *apophrades* is that form of the anxiety of influence in which the writer deliberately opens his poem to the great writers before him.

This is what Pound does &, after him (& then with him), Eliot & Joyce: each of them imagines the *opus magnum* as an extraordinary exercise of *apophrades*. Upon which moment all of modernism is founded.

Literature as the resurrection of the dead. Words as the bricks of walls where we try, as hard & desperately & hopefully as we might, to entice our beloved dead to return. Those passed, and just as much, those to come.

No other meaning is possible.

Din metrii cubi de groapă comună se vede tot
ce ați făcut în ultimele 8 decenii cu inima voastră   Totalitarisme

& corporații   Gulag & Kapital   Teleevangheliști & Suicide bombers
iPhone & Trafic de organe   Entertainment & Genocid
Laogai &

Majdanek   Metaverse & Bucea   V-ați făcut 8 miliarde murmură
oasele
mele Când ne-ați omorât pe noi erați 2 miliarde De unde
naiba ați mai

găsit 6 miliarde de inimi Niciodată n-a existat o asemenea cantitate
de inimi pe planetă Niciodată o asemenea cantitate

de oroare Inima e procedura noastră de autodistrugere
Inima e deșeul toxic explodând în noi

(Doar pentru că scriu poemele astea
nu înseamnă că sunt viu)

O să înceapă să trimită inimi și aici sub pământ zice șoferul Janos
O să vedeți Le vor îngropa aici ca deșeuri radioactive ce sunt

From the cubic meters of the mass grave you see all
you built with the last 8 decades of your heart   Totalitarianisms

& corporations   Gulag & Kapital   Televangelists & Suicide bombers
iPhone & Human organ trafficking   Entertainment & Genocide
          Laogai &

Majdanek   Metaverse & Bucea   You have become 8 billion my
          bones mutter
When you killed us there were 2 billion of you Where the hell
          have you

found 6 billion hearts There's never been such a number
of hearts on the planet Never such a number

of horrors The heart is our self-destruct sequence
The heart is toxic waste exploding within

(Just because I write these poems
doesn't mean I am alive)

They're going to start sending hearts underground says Janos the driver
You'll see They'll bury them like the radioactive waste they are

Unele oase tremură de groază Altele râd Păi fix așa ne-au
îngropat și pe noi Să le trimită oricum vom învia zice Feri Parcă

tu erai bancher nu preot zice Zoli Vom învia repetă Feri
Când totul va fi mort deasupra noi cei de dedesubt vom învia

Toți Și noi și deșeurile radioactive și coropișnițele moarte și tot
ce-i mort aici sub pământ va învia Și va fi bucurie & nu va

mai fi inimă cât vezi cu ochii Deci ochi vor mai fi zice
Zoli Poate că și sex va mai fi Oasele râd & tremură ca adolescenții

excitați Eu tremur însă de spaimă fiindcă știu că de dragul tău
aș accepta chiar și să mai am încă o dată

inimă

Some bones tremble in fear Others laugh I mean that's just
what they did to us Let them we'll rise anyway says Feri What are

you a banker or a priest says Zoli We will rise Feri repeats
When everything above is us dead those below will rise

Everyone Us and the radioactive waste and dead crickets and everything
that's dead here underground will rise And there will be joy & no more

hearts visible to the eye So there'll be eyes says
Zoli Maybe sex too The bones laugh & tremble like excited

teenagers I tremble with fear because I knew that for you
I'd even agree again to have

a heart

Nici literatura n-am înțeles-o niciodată decât tot ca *afterlife*. Inclusiv în sensul lui Celan: e ce rămâne din om după ce omul a fost distrus.

Dar și în sensul istoric: e tot ce rămâne din marile imperii.

Și în sens biologic: e tot ce va rămâne după ce specia va dispărea. Chiar dacă nu va fi ochi care o vadă & minte care să o priceapă.

(Ba vor fi: o va citi moșul cu barbă albă & toată compania lui.

Viața de apoi ca cenaclu infinit.

Nici nu-mi dau seama dacă ăsta e paradis – sau infernul pe care-l merităm cel mai mult.)

Even literature is something I've always thought of as *afterlife.* Including in Celan's sense: what remains of a person after the person is destroyed.

But also in the historical sense: everything that remains of great empires.

And in the biological sense: everything that will remain after our species disappears. Even if there won't be eyes to see & minds to understand.

(But there will be: the old man with a white beard & all his company will read it.

The afterlife as an everlasting writers' workshop.

I can't tell if this is paradise—or the inferno we most deserve.)

Groapa asta comună unde așteptăm cu
toții să înflorim & să ne reproducem Ceva între

o seră & un laborator de inseminare

(Doar pentru că scriu poemele astea
nu înseamnă că sunt viu)

(Doar pentru că vă scrie cineva
nu înseamnă că nu sunteți vii)

This mass grave where we all
wait to bloom & reproduce Something in-between

a greenhouse & a fertility clinic

(Just because I write these poems
doesn't mean I am alive)

(Just because someone will write
doesn't mean you're not alive)

Ăsta-i rostul literaturii: să-ți halucineze viața. Și, abia astfel, să reverse peste viața ta cantități de lumină care zăceau undeva în tine, dar pe care nu le-ai fi putut elibera dacă nu le-ar fi descoperit literatura. Dacă nu te-ar fi descoperit literatura.

Pe scurt, literatura e ceea ce deblochează toată lumina captivă în noi.

This is the purpose of literature: to hallucinate your actual life. And only in this way, to drench your life in bits of light that lay somewhere inside you, but which you couldn't free if literature hadn't found them, too. If literature hadn't found you.

In short, literature unblocks the totality of light held captive inside us.

Cum ți s-a așezat mămăruța pe deget la intrarea pe
pietonala din Szeged Uite are două buline deci

are doi ani M-am uitat Avea două buline Nu voia
nicicum să plece de acolo Las-o poate-ți aduce noroc

ți-am spus Da dar eu sigur nu pot să-i aduc noroc mi-ai spus
Ai dat din deget ai suflat peste ea A rămas neclintită A preferat

să înfrunte Armaggedonul respirației tale decât să se desprindă
de tine Am înțeles-o perfect O înțeleg și acum după

o groapă comună Când am ajuns în piața centrală era
încă acolo A rămas până ți-ai băut cafeaua Te-ai

uitat la ea & ai încremenit Uite acum are trei buline
M-am uitat Avea trei buline Deci ultimele 20 de minute

au durat un an am zis Exact atunci a zburat Da au durat
un an ai zis Am tăcut amândoi încă 20 de minute Acum să

vezi că se va întoarce cu patru buline ai zis Am așteptat-o
până seara Nu s-a întors Noi ne-am întors triști acasă

Cine știe câți ani au mai trecut de azi dimineață ai zis Și
ai început să plângi

How the ladybug landed on your finger at the entrance to
the pedestrian area in Szeged Look it has two dots so

it's two years old I looked It had two dots It didn't want
to get off Leave it maybe it will bring you luck

I told you Yes but I can't give it luck you said
You waved your finger you blew on it It did not move It would rather

face the Armageddon of your breath than let go
of you I understood it completely I understand it now after

a mass grave When we got to the main square it was
still there It stayed until you drank your coffee You

looked at it & froze Look now it has three dots
I looked It had three dots So the last 20 minutes

lasted a year I said Just then it flew off Yes they lasted
a year you said We were both quiet another 20 minutes Now look

it'll come back with four dots you said We waited
until night It did not come back We went home sad

Who knows how many years have passed since this morning you said And
started to cry

Morţii luminând ca bulinele de pe aripile mămăruţei
Senzaţia obiectivă că toată lumina a fost extrasă din lume

Groapa comună ca o mămăruţă aşteptând răbdătoare
pe deget înainte să-şi ia zborul

The dead glow like spots on a ladybug's wings
The objective sensation that all the light has been extracted
          from the world

The mass grave like a ladybug patiently waiting
on a finger before taking flight

Mozart, într-o scrisoare din Mannheim către tatăl lui, din 1777: „Nu sunt poet, nu pot potrivi frazele încât să producă umbră sau lumină".

Dar tocmai faptul că știe că asta e scopul frazelor, nu atât să transporte informație, cât să producă lumină sau umbră – tocmai asta arată că e poet, până în măduva oaselor, până în lumina & umbra produsă de măduva oaselor. Ba chiar până în lumina & umbra produsă de oasele secate de măduvă.

Ăsta-i, de fapt, criteriul esențial de recunoaștere a poeziei: cuvinte care produc umbră sau lumină. Limbaj densificat, unde sonore care te orbesc prin exces de lumină sau de întuneric, materie întunecată (ca cerneala tipografică) din care ies bizare pulsații luminoase. Asta ai de produs – tot restul e doar retorică, joc de societate, prostioare motivaționale, psihologie *pulp*, floricele de sunet, popcorn sonor.

(Mozart însuși a fost înmormântat într-o groapă comună.)

Mozart, writing to his father from Mannheim, in 1777: "I am not a poet, I can't fit phrases together to produce shadow or light."

But precisely that fact—that he knows the aim of phrases, not to convey information, but to produce light and shadow—shows he is a poet, to the marrow of his bones, to the light & shadow produced by the marrow of his bones. Even the light & shadow produced by bones with dried-out marrow.

This is the actual, essential criterion for poetry: words that produce shadow or light. Densified language, where sounds blind you from their surplus of light or dark, dark matter (like printer's ink) that emit bizarre luminous pulsation. This you have to produce—the rest is just rhetoric, parlor games, motivational tripe, pulp psychology, pretty sounds, sonorous popcorn.

(Mozart himself was buried in a mass grave.)

Să scrii cum ai întinde var peste o groapă comună

Inima trebuie silită să iubească mai mult

Write as though you're spreading lime over a mass grave

Hearts must be forced to love more

Schumann despre Chopin: „Tunuri îngropate în flori”. Tot scrisul meu e, dintr-un anume punct de vedere, tata îngropat sub flori, mă rog, flori verbale, ghirlande de imagini, coroane funerare împletite din cuvinte – a fost modul meu de a îi face o înmormântare frumoasă, cum din păcate nu a avut.

Am încercat să scriu o literatură care să funcționeze și ca un fluid care să plece din lumea asta o dată cu morții noștri – & să se întoarcă înapoi cu ei, aducându-ne în același timp înapoi și pe noi, ca în poemul lui Eliot:

We die with the dying:
See, they depart, and we go with them.
We are born with the dead:
See, they return, and bring us with them.

A fost modul meu de a spune că frumusețea există.

Și că morții noștri participă la ea.

Și că din frumusețea asta comună și nouă, și lor se poate reconstrui totul.

Schumann on Chopin: "Cannons buried in flowers." All my writing is, from a certain point of view, my father buried under flowers, meaning verbal flowers, garlands of images, funereal crowns woven from words—my way of creating for him the beautiful burial he unfortunately never received.

I've tried to write a literature that would function as a fluid that would leave this world along with our dead—& then return with them, bringing us back at the same time, like in Eliot's poem:

We die with the dying:
See, they depart, and we go with them.
We are born with the dead:
See, they return, and bring us with them.

My way of saying that beauty exists.

And that our dead take part in beauty.

And that from this mass beauty, common to us and to them, everything can be reconstructed.

Nu pot muri aici în groapa comună Dacă aş muri
aş putea muri fără tine Nu pot uita zilele în care mă

ocoleai ca pe locul unui masacru Iubirea noastră a
fost locul ăla Corpul meu e acum acel loc

Doar pentru că scriu asta
nu înseamnă că sunt viu

Am fost cadavru într-o groapă comună în
sexul tău într-un poem Uneori pe rând Alteori

deodată Toate sunt dulci Din toate se învie
Nu există scăpare

I can't die here in the mass grave If I died
I could die without you I can't forget the days when you

avoided me like the site of a massacre Our love was
that place My body is that place now

Just because I write this
doesn't mean I am alive

I was a corpse in a mass grave in
your sex in a poem Sometimes then Other times

suddenly Everything sweetens Everything resurrects us
There is no escape

Ulysses spune despre el că e „fiul suferinței”. Și în *Plângerile* din Biblie se spune că omul e fiul suferinței. Ceva asemănător e și în *Cartea lui Iov*.

Inteligența epică a lui *Ulise* e progenitura suferinței; înțelepciunea lirică & resemnată a lui Iov e, de asemenea, o fiică a suferinței. Pentru grecii vechi, așadar, suferința naște o formă fundamentală a epicii, a poveștii care te ajută literalmente să supraviețuiești; pentru evreii vechi, ea generează lirismul celui care vorbește despre viață cu gura plină de cenușă & sânge.

Știu că simplific & c-o nedreptățesc enorm pe Sappho – dar, pe de altă parte, e la fel de adevărat că Aristotel nu considera poezia lirică o comentatoare suficient de competentă a suferinței umane. Dacă simplificarea mea e superficială, a lui e literalmente criminală.

Prefer, așadar, să simplific mereu de partea suferinței.

Odysseus calls himself the "child of suffering." *Lamentations* also says that humans are children of suffering. Something similar appears in the *Book of Job*.

The intelligence of the *Odyssey* is the progeniture of suffering; the lyric & resigned wisdom of Job is, likewise, a child of suffering. For the ancient Greeks, therefore, suffering gives birth to a fundamental form of the epic, the story that literally helps you to survive; for the ancient Jews, it generates the lyric of life with a mouth full of ash & blood.

I know I'm being simplistic & grossly unfair to Sappho—but, on the other hand, it's also true that Aristotle did not deem lyric poetry a sufficiently competent commentary on human suffering. If my simplification is superficial, his is literally criminal.

I prefer, therefore, to simplify always in favor of suffering.

Mă uit la mierlă cum țopăie pe groapa comună Caută
viermișori care am fost cândva noi E chiar deasupra

craniului lui Miklós Ciugulește ceva acolo & imediat
înalță ciocul spre cer & începe să cânte & soarele începe

să răsară Se vede că ai fost violoncelist îi zic Deci dac-ar fi
ciugulit paraziți dintr-un poet ar fi ciripit în hexametri râde

Miklós Râd și eu Dac-ar fi ciugulit dintr-un politician ne-ar fi
împușcat pe toți zice șoferul Janos Și oasele hohotesc Ba

mai bine să fi ciugulit dintr-o prostituată zice virginul Zoli
Ne-ar fi futut ca Dumnezeu pe toți Și oasele cântă toate precum

mierla & mii de sori mici încep să răsară peste ele

O mierlă ciugulind răbdătoare mii de sori mici

O inimă ciugulind răbdătoare mii de amintiri & instantanee
cu tine

I watch the blackbird hopping across the mass grave It's looking
for worms that once were us It's right above

Miklós's skull It pecks at something & right away
it lifts its beak toward the sky & begins to sing & the sun begins

to rise You can tell you were a violinist I say So if it had
pecked parasites from a poet it would have chirped in hexameter laughs

Miklós I laugh too If it had pecked a politician it would have
shot us all says Janos the driver And the bones laugh Even

better if it had pecked a prostitute says Zoli the virgin
It would have God-fucked us all And the bones sing all like

the blackbird & thousands of suns begin to rise over them

A blackbird patiently pecking thousands of tiny suns

One heart patiently pecking thousands of memories & moments
with you

Te sufoci cu excesul de timp turnat peste creierul deschis cu forța – așa cum cei torturați la Guantanamo sunt sufocați cu exces de apă turnată în gura deschisă cu forța. Omul nu e făcut să suporte prea multă realitate (*thx*, Tom Eliot); dar nici prea mult timp.

Și atunci ce poate suporta omul? Nu putem îndura nici absența realității, nici excesul ei; nici absența timpului, nici excesul lui; nici absența poeziei, nici excesul ei. Suntem ființe construite să nu poată suporta.

Și nu-i deloc întâmplător că exact ființele construite să nu poată suporta au poezia.

Fiindcă, așa cum spunea un asasin, *the broken are the more evolved.*

Ceea ce e chiar, într-una din multiplele ei formulări, Axioma.

(Poezia e Masacrul Inocenților.)

You can drown from too much time poured over your brain forced open—like those tortured at Guantanamo are drowned from too much water blasted into their mouths forced open. Humankind cannot bear too much reality (*thx*, Tom Eliot); or too much time.

So what can a human bear? We cannot bear the absence of time, or too much of it; not the absence of poetry, or too much of it. We are beings made to not bear things.

And it's not at all by chance that these beings made to not bear things have poetry.

Because, as a murderer once said, *the broken are the more evolved.*

In one of its many formulations, it is axiomatic.

(Poetry is the Massacre of the Innocents.)

N-am nevoie de un indice Gini pentru morți ca să
văd că suntem tot mai inegali în moarte Ne

fâțâim tot mai diferit în groapa comună Ce
oroare să aștepți Învierea Morților cât voi

faceți totul praf acolo deasupra Uite zice virginul
Zoli Au inventat internetul numai ca să poată

avea porno gratis toată ziua Din 2015 încoace
Zoli se uită numai la Nancy Ambrosia în orgasm

Față de orgasmul ei Învierea nu înseamnă pentru el
nimic Când Nancy își revine din orgasmul ei cataleptic

Zoli strălucește cât toate oasele morților la Înviere
Boule au inventat și mașini electrice Tesla zice șoferul

Janos Și *shadow banking* zice pofticios bancherul
Feri Și parcuri VR strigă fericiți copiii gemeni morți

de epuizare în marș Pentru Zoli însă orgasmul lui Nancy
e mai viu decât tot Antropocenul & toată Învierea

la un loc Stă întins în groapa comună & privește
holograma lui Nancy tremurând în orgasm peste morții

de deasupra & ar vrea ca Învierea să nu strice
icoana tremurătoare a lui Nancy

We don't need a Gini index for dead people to
see that we are even more unequal in death We

wag around differently in the mass grave What
a horror to wait for the Resurrection of the Dead while you all

destroy everything there above Look Zoli the virgin
says They invented the internet just so they can have

free porn all day Ever since 2015 Zoli
looks on while Nancy Ambrosia orgasms

Compared to her orgasm face the Resurrection means
nothing to him When Nancy comes back from her cataleptic orgasm

Zoli shines as much as all the bones of the dead at Resurrection
Idiot they also invented Tesla electric cars says Janos the

driver And *shadow banking* drools the banker
Feri And VR parks shout out the twin children who died

of exhaustion on the march For Zoli though Nancy's orgasm
is more alive than the whole Anthropocene & the whole Resurrection

together He lies in the mass grave & looks at Nancy's
hologram trembling in orgasm over the dead

above & hopes that the Resurrection doesn't ruin
Nancy's trembling icon

Iar creierele noastre moarte tremură ca Nancy-n
orgasm când se gândesc la voi Ne e jenă să v-o spunem

dar e mai mişto mort decât viu Ce bine c-am murit
şopteşte Zoli privind-o pe Nancy în orgasm Ne e jenă

să-l aprobăm dar are dreptate E o ruşine ce faceţi din lumea de
deasupra Ce bine c-am murit cu toţii Ce trist că sunteţi

încă toţi vii Ce bine că măcar poeţii scriindu-şi aiurelile
reuşesc pentru o secundă-două să nu mai fie vii

Din fericire doar pentru că scriu asta
nu înseamnă că sunt viu

And our dead brains shake like Nancy mid-
orgasm when they think of you We're embarrassed to say

but it's better dead than alive How great that we died
whispers Zoli looking at Nancy mid-orgasm We're embarrassed

but he has a point It's a shame what you're doing with the world
above How great that we all died How sad that you're

still alive How great that at least poets writing their ditties
are able for a second or two not to be alive

Happily just because I write this
doesn't mean I am alive

Pagini multe, în corespondența Freud-Jung din 1907–1909, despre diferența dintre isterie & dementia præcox.

Isteria, spun Freud-Jung, încearcă să se reconecteze la realitate; somatizarea aberantă e un ultim efort disperat de a re-experimenta realitatea; corpul istericului încă mai crede în realitate, suferința lui e forma disperată de a concede realității că există.

Pe când dementia præcox a renunțat complet la realitate – halucinațiile nu mai încearcă să verifice realitatea & sunt lipsite de voința de a se conecta la ea, realul nu mai merită somatizarea nici unei suferințe, halucinațiile s-au autonomizat complet în raport cu el.

Mi-am simțit diagnosticat scrisul de fiecare frază care descria isteria. Somatizarea unor eforturi de a mă reconecta la realitate – asta a fost mereu fiecare frază de-a mea. Halucinații pe care le-am trăit real – încercând din răsputeri să mă conving că realitatea există; &, consecutiv, să mă reconectez la ea. Intensificând pe cât posibil totul – limbaj, corp, literatură – pentru a mă convinge că toate (limbaj, corp, literatură) există.

Și probabil tot de asta frazele mele par mereu scrise sub febră.

Many pages, in the Freud-Jung letters between 1907–1909, about the difference between hysteria & dementia praecox.

Hysteria, says Freud-Jung, tries to reconnect to reality; the aberrant somatization is a last, desperate effort to re-experience reality; the hysteric's body still believes in reality, its suffering is a desperate manner of conceding to reality that it exists.

While dementia praecox has completely renounced reality—hallucinations do not attempt to verify reality & lack the will to connect to it, the real no longer merits somatization of suffering, hallucinations are completely autonomous to it.

I felt my writing diagnosed by each line describing hysteria. Somatization of efforts to connect myself to reality—this marks every phrase I have written. The hallucinations I lived through—trying as hard as I could to convince myself that reality exists; &, at the same time, to reconnect to it. Intensifying everything as much as possible—language, body, literature—to convince myself that everything (language, body, literature) exists.

And probably this is why my lines always seem to be written in a fever.

Câtă vreme 1 om uman violează copii umani
în fața părinților umani sigur că-i mai mișto

să fii mort decât viu Câtă vreme 1 copil uman
moare la fiecare 10 secunde de malnutriție e mai

mișto să fii mort decât viu Câtă vreme 1 om uman
orbește ursuleți & le smulge ghearele ca să scoată

bani din pozele cu el făcute de părinți umani
pentru copiii lor umani e mai mișto să fii mort decât viu

Câtă vreme umanul umple gropi comune cu uman
e mai mișto să fii mort decât viu Groapa comună

e mai umană decât umanul care o produce Așa cum
poezia e mai umană decât umanul care o produce Inima

noastră scâncește-n gropi comune ca un ursuleț orb
cu ghearele smulse Și-n poezii scâncește tot așa

As long as 1 human being rapes human children
in front of their human parents it's obviously great

to be dead not alive As long as 1 human child
dies of malnutrition every 10 seconds it's

great to be dead not alive As long as 1 human being
blinds bears & tears out their claws to make

money from pictures human parents take with them
for their human children it's great to be dead not alive

As long as humans fill mass graves with humans
it's great to be dead not alive The mass grave

is more human than the humans who make it Just like
poetry is more human than the humans who make it Our

heart weeps in mass graves like a blind bear
with its claws torn out And weeps in poetry just the same

Când i se aduce raportul despre testul nuclear din iulie '45, dinaintea lansării bombelor de la Hiroshima & Nagasaki, Truman are o reacție mistică, concretizată într-o trimitere la viziunea apocaliptică din Ezechiel.

Oppenheimer însuși a avut o reacție mistică – însă nu creștină, ci orientală, mai precis sanscrită: a citat din *Bhagavad Gita* pasajul care, în engleză, e tradus așa: *Now I am become Death, The Destroyer of Worlds.*

Pilotul a consemnat că ciuperca atomică arăta, văzută de el, ca un enorm semn de întrebare deasupra civilizației umane. Tot o reacție mistică, în fond.

Testul nuclear din iulie '45 a primit, de la Oppenheimer însuși, numele de cod *Trinity* – tot mistic, după un poem al lui Donne.

Oppenheimer n-a găsit nimic mai apocaliptic decât poezia pentru a-și numi proiectul.

(Și probabil că Oppenheimer cunoștea tratatul lui Donne din 1608, *Biathanatos,* în care poetul spune că moartea lui Isus pe cruce e o sinucidere.

Poezia & sinuciderea Zeului – prăbușit în lumea creată de el ca într-o groapă comună.)

When he is presented the report on the nuclear bomb test, in July '45, before dropping the bombs on Hiroshima & Nagasaki, Truman has a mystical reaction, in the form of a reference to the apocalyptic vision of Ezekiel.

Oppenheimer himself had a mystical reaction—not a Christian one, but oriental, Sanskrit in particular: he quoted the *Bhagavat Gita*, a passage which in English is translated: *Now I am become Death, The Destroyer of Worlds.*

The pilot said that the atomic mushroom looked, as he saw it, like an enormous question mark over human civilization. A mystical reaction, too, at the end of the day.

The July '45 nuclear test was code-named, by Oppenheimer himself, *Trinity*—also mystical, from a poem by Donne.

Oppenheimer could find nothing more apocalyptic than poetry to name his project.

(And Oppenheimer probably knew Donne's 1608 text, *Biathanatos*, where the poet says that the death of Jesus on the cross is a suicide.

Poetry & God's suicide—fallen into the world he created, as though into a mass grave.)

Mie mi-a murit un frate geamăn la naștere De aia
scriu poezii Când ți-am urlat asta în față ai

zâmbit & ai zis Miklós Alții citesc poezii ca să-și
găsească fratele geamăn Aveai dreptate & asta

m-a enervat Mi-am făcut de lucru cu cafeaua &
am revenit Mie odată cu fratele geamăn mi-a murit

și mama la naștere N-ai zâmbit Ai băut din cafea
Ai tăcut Am tăcut și eu Ai băut iar din cafea Am

făcut dragoste pe tăcute Multă vreme după aia ai zis
Să nu mai folosești niciodată poezia mama & moartea

în aceeași propoziție Aveai dreptate Nu le-am mai folosit
Dar niciodată poezia nu a devenit nici fratele geamăn nici

mama Dar a devenit groapa comună din care gândesc
Poate că dacă nu te ascultam mama & fratele meu geamăn

erau și ei aici Sau poate că tocmai de asta mi-ai zis să nu
le folosesc Fanni inima mea groapa mea comună Tu

oricum ai fi fost aici Și dacă scriam Și dacă nu scriam
despre tine Te-ai ridicat din pat Ai băut iar din cafea

My twin brother died at birth That's why
I write poetry When I shouted this in your face you

smiled & said Miklós Some people read poetry to
find their twin You were right & this

bothered me I set to making coffee &
calmed down At the same time as my twin brother

my mother died in childbirth You didn't smile You sipped coffee
You were quiet I was too You sipped again We made

love in silence A long time afterwards you said
Never put poetry mother & death in the same line

again You were right I didn't
But poetry never became my twin or my

mother But it became the mass grave where I think
Maybe if I hadn't listened to you my mother & twin brother

would be here too Or maybe that's exactly why you said
not to Fanni my heart my mass grave You

would have been here Always If I wrote If I didn't
about you You left the bed You sipped your coffee

(Doar pentru că scriu chestia asta
aici nu înseamnă că sunt viu)

Te-am privit din pat cum privesc acum cerul Ceva
s-a iluminat urât atunci & acum A început să plouă Atunci

& acum Te-ai așezat lângă mine Atunci & acum
Am privit îmbrățișați cerul cu gust de cafea

(Just because I write this thing here
doesn't mean I am alive)

I watched you from the bed the way I look at the sky Something
ugly lit up then & now Rain started Then

& now You sat beside me Then & now
We embraced and watched the coffee-scented sky

Să-ți ții creierul ca pe o lupă deasupra creierului, inima ca pe o lupă deasupra inimii – până se aprind. Singurul sens al literaturii.

(Și al creierului.)

(Și al inimii.)

Hold your brain like a magnifying glass over your brain, your heart like a magnifying glass over your heart—until they catch fire. The only sense literature has.

(Like brains.)

(Like hearts.)

Scriu pentru ca morții mei să mă iubească mai mult

De aici de pe fundul gropii comune se văd mame
răsărind ca stelele Curbând spațiul cu hipergravitația

inimii lor Chiar acum răsare inima mamei mele În jurul ei
supernovele ca roiuri de licurici respectuoși

Mama îi spune copilului Fred: Să nu te uiți înapoi
& nu s-a uitat înapoi – & a supraviețuit – & mama lui nu

Pe 6 decembrie 1938 la miezul nopții a fost ultima dată
când ai văzut-o pe mama Ochii ei privindu-te cum plecai

făceau realitatea din jurul ei să se aprindă ca un film
în care tu & ea râdeați până vi se zdrobeau inimile

Inimile mamelor răsărind peste toate gropile comune

I write so my dead will love me more.

From the bottom of the mass grave I see mothers
rising like stars Bending space with the hypergravitation

of their hearts Just now my mother's heart rises Around it
supernovas like swarms of respectful fireflies

Freud's mother told him: Don't look back
& he didn't look back—& he survived—& his mother didn't

6 December 1938 midnight was the last time
you saw your mother Her eyes watching you leave

made reality around her catch fire like a film
where you & she laughed until your hearts fell to pieces

Mothers' hearts rising over all mass graves

(Doar pentru că scriu poemele astea
nu înseamnă că sunt viu)

Mama îi spune copilei Anita: Tu să pleci
eu rămân cu fratele tău fiindcă altfel uită cum îl cheamă

& ai plecat Anita – & toți cei iubiți au primit corpuri distruse
& nume indestructibile Corpul tău indestructibil Anita

e numele lor Fiecare mișcare a ta e învăluită într-o mică ceață
luminoasă făcută din numele lor Ai rămas aici Anita –

& nu le-am mai uitat niciodată numele
& te-ai asigurat că știm că mica ceață luminoasă

e întotdeauna fratele nostru care nu și-a uitat numele

Inimile mamelor răsărind peste toate gropile comune

(Doar pentru că scriu poemele astea
nu înseamnă că sunt viu)

(Just because I write these poems
doesn't mean I am alive)

Anita's mother told her: You leave
I'll stay with your brother or else he'll forget his name

& you left Anita—& everyone you loved got destructible bodies
& indestructible names Your indestructible body Anita

is their name Your every movement is wrapped in a bit of illuminated
fog made of their names You stayed here Anita—

& I never forgot their names
& you made sure we know that the bit of illuminated fog

is forever our brother who didn't forget his name

Mothers' hearts rising over all mass graves

(Just because I write these poems
doesn't mean I am alive)

Mama îi spune copilei Heda:
Cineva trebuie să se roage pentru spânzurați

& Heda s-a rugat & Heda n-a mai schimbat altă vorbă
cu nimeni cât a fost la Auschwitz Cuvintele ei erau

numai pentru rugăciuni – rugăciuni pentru distruși –
& erau o groază de rugăciuni care trebuiau spuse

Copiii știu mereu exact câte cuvinte per persoană distrusă
cere o rugăciune & te-ai rugat Heda Rugăciunile tale refăceau

întruna ce moartea desfăcea întruna De milioane de ori
Chiar și acum după 60 de ani Heda fiecare cuvânt iese

din gura ta ca o rugăciune de rezervă E o mică ceață luminoasă
& un râs care-ți pulverizează inima în jurul fiecărui cuvânt

al tău Heda

Inimile mamelor răsărind peste toate gropile comune

Copilul Paul își întreabă mama: Mamă a cui mână am
strâns-o când am venit cu cuvintele tale în Germania?

Heda's mother told her:
Someone has to pray for the hanged

& Heda prayed & Heda never said another word
to anyone as long as she was in Auschwitz Her words were

only prayers—prayers for the destroyed—
& there were a host of prayers that needed to be spoken

Children always know how many words per destroyed person
a prayer needs & you prayed Heda Your prayers remade

instantly what death unmade Millions of times
Even now after 60 years Heda each word comes

from your mouth like a back-up prayer It's a bit of luminous fog
& a laugh that pulverizes your heart around each word

of yours Heda

Mothers' hearts rising over all mass graves

Paul asked his mother: Mother, whose hand did I
shake when I came with your words to Germany?

Disperat să știe dacă era posibil să fi strâns mâna
asasinului mamei lui E posibil s-o fi făcut Paul Nu

poți fi niciodată sigur Dar uite de ce poți fi sigur:

Ochii mamei lui Fred privind veșnic în urma lui cum pleacă
Fratele Anitei nemaiuitându-și numele niciodată

Distrușii ascultând rugăciunile Hedei Mama ta citindu-ți
mica ceață luminoasă în fiecare cuvânt

Corpurile noastre
ca o rugăciune de rezervă aprinzând realitatea

Inimile mamelor răsărind peste toate gropile comune

(Doar pentru că scriu poemele astea
nu înseamnă că sunt viu)

Desperate to know if it was possible he shook hands
with his mother's murderer It is possible Paul You can't

ever be sure But look at what you can be sure of:

Fred's mother's eyes always watching him leave
Anita's brother never forgetting his name

The destroyed listening to Heda's prayers Your mother reading you
the bit of luminous fog in every word

Our bodies
like a back-up prayer lighting reality

Mothers' hearts rising over all mass graves

(Just because I write these poems
doesn't mean I am alive)

De aici, din groapa comună, mă uit la inimile mamelor cum se uită cosmologii la prima generație de stele de după Big Bang. (Scrisul e nucleosinteză stelară.)

Dar și stelele au de dus singurătățile lor. Și nucleosinteza lor stelară intră uneori în depresie. Și ele se simt uneori strivite de dunele infinite de timp pe care le strivesc.

From here, in the mass grave, I watch the mothers' hearts
like an astronomer seeing the first generation of stars after
the Big Bang. (Writing is stellar nuclear fusion.)

But stars also have their loneliness. Even their stellar fusion
sometimes becomes depressed. Even they sometimes feel crushed
beneath the infinite dunes of time crushed by them.

Groapa comună e un instrument de gândit Abia
după ce-ai ajuns în ea ți se naște creierul Abia

când o auzi pe fetița de 3 ani împușcată acum 3
săptămâni întrebând Mama noi credem în moarte

Abia când auzi vocea liniștită al mamei aceeași voce
cu care s-a rugat 3 zile de soldați s-o împuște și pe ea

zicând Mămăruța mea moartea nu există Abia când
îi auzi pe toți cei din groapa comună cum se străduiesc

din răsputeri să respire cât mai fornăit pentru ca fetița
să creadă că sunt vii Mămăruța noastră ne auzi cum

respirăm Abia când auzi fetița râzând fericită Da Vă aud
Suntem vii cu toții & simți respirația ei mică încălzind

toată groapa comună Abia atunci ți se naște creierul
Abia atunci îți aduci aminte cum respirația mică a unor

poeme ți-a încălzit inima Abia atunci înțelegi de ce-i șopteai
poeziei Mămăruța mea moartea nu există Sau poate că ea

șoptea asta inimii tale E greu să-ți aduci aminte fiindcă
pe vremea aia nu aveai creier E nevoie de o groapă

comună (Nu-i sigur că și de ceva poezie) pentru ca
creierul să se nască

The mass grave is a tool for thought Only
after you're in it is your brain born Only

when you hear a 3-year-old girl shot 3
weeks ago asking Momma do we believe in death

Only when you hear her mother's quiet voice the same voice
that begged for 3 days for the soldiers to shoot her too

saying My little girl death doesn't exist Only when
you hear all the others in the mass grave striving

to breathe as loud as possible so the girl
will think they are alive Our little girl listen to us

breathing Only when you hear the girl laughing happily Yes I hear you
We are all alive & you hear her tiny breaths warming up

the mass grave Only then is your brain born
Only then you remember how the tiny breaths of some

poems warmed your heart Only then you understand why you whispered
to poetry My ladybug death doesn't exist Or maybe she

whispers this to your heart It's hard to remember because
at that time you had no brain You need a mass

grave (Maybe some poetry too) so your
brain will be born

(Doar pentru că notez versurile astea aici nu înseamnă
că s-a și născut) (De fapt, înseamnă aproape sigur că

nu)

(Just because I jot these lines down here doesn't mean it has been born) (In fact, it almost certainly means it

hasn't)

Comentariul lui Borges la *Biathanatos* al lui Donne: Dacă-i adevărat ce spune Donne, că Isus a murit de moarte voluntară (deci că s-a sinucis), atunci Dumnezeu a știut din prima clipă că va crea lumea numai ca să aibă un loc în care se va sinucide.

Fierul a fost creat doar ca să poată exista cuiele din palmele Lui, plantele numai ca să poată exista spinii de pe fruntea Lui etc.

Zeul și-a creat lumea numai ca să aibă un loc în care să se poată sinucide.

Borges' commentary on Donne's *Biathanatos*: If Donne is correct, that Jesus died voluntarily (that is, by suicide), then God knew from the first that he created the world to give Jesus a place to commit suicide.

Iron was created to be the nails in His palms, plants to be the thorns in His brow, etc.

God created the world just to have a place to commit suicide.

Era una din zilele alea când nu reușeam să
cobor din pat Zăceam ore întregi cu fața în

jos În zilele bune reușeam să mă răsucesc & să
îmi pun tabla de șah pe burtă & să joc

singur una două partide Îmi era îngrozitor de milă
de pioni Și lor le era milă de ei Sau poate de mine

Se mișcau cu o tristețe îngrozitoare pe tablă Eram
fericit & foarte trist cu tine Ai intrat în cameră Eram

cu fața în jos Nu am ridicat capul din plapumă Dar
după tristețea cu care te mișcai am știut că ești tu

În perioada aia când te așteptam într-o aglomerație
îmi era frică să te privesc Închideam ochii

& te recunoșteam după tristețea mișcărilor oricât
de aglomerat ar fi fost în jur Cineva te mișca acum

în jurul meu ca pe o regină Mi-a fost milă
De el De tine De mine Te-ai oprit lângă

mine M-ai atins pe cap Te rog iubește pe altcineva
ai spus Apoi ai ieșit Am rămas cu fața în plapumă

Vedeam departe sub ea un câmp hărtănit de vânturi
& prăfărie & buruieniș Cineva folosise acolo nebunii

It was one of those days when I couldn't
get out of bed I lay for hours face

down Good days I could turn over & put
the chessboard on my stomach & play

a few games alone I so pitied
the pawns They pitied themselves Or me

They moved with a terrible sadness on the board I was
happy with you & very sad You came in the room I was

face down I didn't lift my head from the blanket But
in the sadness of your movements I knew it was you

Once I waited for you in a crowd
I was afraid to look at you I closed my eyes

& I knew you by the sadness of your movements however
crowded it was around me Someone moves you now

around me like a queen I pitied
him You Me You stopped beside

me You touched my head Please love someone else
you said Then you left I lay face down

I saw far below it a field torn by wind
& dust & weeds Someone made insane people

ca să sape o groapă comună De acolo din groapa
comună mă vedeam pe mine privind în sus înspre

plapuma care încă mai mirosea a tine

ꕥ

O groapă comună care miroase a tine

ꕥ

Un Paradis care nu miroase a tine e
groapă comună

dig a mass grave Beyond the mass
grave I saw myself looking up toward

the blanket that still smelled like you

A mass grave that smells like you

A Paradise that doesn't smell like you is
a mass grave

Senzația veche că frazele construiesc realitatea.

Că realitatea e un fenomen strict chimic & aproape întâmplător produs la terminațiile frazelor.

The old feeling that sentences build reality.

That reality is a strictly chemical & almost
random phenomenon that appears at the end of a phrase.

Să povestiți așadar cântecele mele cum
ea și-a trecut mâna peste groapă & groapa a

început să tremure Cum a luat primul bulgăr în
mână & toți am gemut Ba Zoli virginul a zis Eu

am terminat deja Ca niciodată nici un os nu a
râs Cum ea a început să sape cu ambele mâini în

groapa comună & m-am simțit vinovat că
eram viu acolo dedesubt Cum deodată moartea

a fost doar ceva ce strică temporar manichiura
unei fete Să povestiți cântecele mele cum își curăța

liniștită unghiile de pământ lângă cadavrul meu &
aștepta să se usuce carnetul în care mă mutasem &

în care avea să se mute și ea Nu voia să vină
lângă mine cu unghiile murdare Cerul era

luminos & dezgustător Să povestiți cântecele mele
cum cerul era o unghie bine manichiurată care n-a

săpat niciodată în pământ după cineva iubit

Tell my songs how she
passed her hand over the grave & the grave

began to shake The way she took the first clump in
hand & we all gasped Zoli the virgin said I

already finished Like no bone ever
laughed How she began to dig both her hands into

the mass grave & I felt guilty that
I was alive there below How suddenly death

was just something that temporarily messed up a girl's
nails Tell my songs how she was quietly

cleaning the dirt her nails beside my corpse &
waiting for my notebook to dry where I had moved &

where she would also move She didn't want to come
beside me with dirty fingernails The sky was

luminous & disgusting Tell my songs
how the sky was a well-manicured nail that never

dug into the earth above someone beloved

Foarte puțin de scris aici. Foarte puțin de scris, de fapt, în general.

Mi se pare miraculos că s-au adunat totuși câteva mii de cărți reale în tot atâtea mii de ani (ireali).

Că s-a putut totuși stoarce ceva din neantul din craniu & din cutia toracică.

Dacă literatura e miraculoasă, nu-i fiindcă explorează omul – ci fiindcă-l inventează.

Not much to write here. Not much to write, in fact, in general.

It seems miraculous to me that some thousands of real books have piled up in those thousands of (unreal) years.

That something could still be wrung from the void in the brain & from the thoracic cavity.

If literature is miraculous, it's not because it explores the human—but because the human is what it invents.

Translator's Afterword

Sean Cotter

Radu Vancu's retelling of Miklós Radnóti's story was a sensation upon publication. Everyone seemed to be talking about the book; the Romanian scene was animated by its sense of purpose. Some of the reception was motivated by the story, the incredible details of a poet murdered by Hungarian fascists while on a forced march, the poet's last poems found on his body in a mass grave, his wife, Fanny Gyarmati, recovering the poems two years later when Radnóti was reburied. Some of the reception was surely motivated by Vancu's foregoing work. Vancu is a well-known author of poetry and novels and memoirs, a critic, scholar, translator, and professor at the University of Sibiu, in Transylvania, six hours from Bucharest. He is also an activist, a past president of PEN Romania, and a leader of "Vă vedem," the "We See You" anti-corruption movement that organized protests all over the country. One of my favorite photos shows Vancu and Mircea Cărtărescu at a Vă vedem protest, holding signs that read, "Iar m-aţi enervat," or, "You've pissed me off, again." The clamorous reception of *Kaddish* is explained in part by Vancu's literary and activist personae, as the book seems to fulfill the two best-known aspects of his public figure. Not long after publication, Radio România Cultural named *Kaddish* its poetry book of the year.

Yet the book is more than its author's biography or the grotesque details of its story. Although this book is rare, as a Romanian remembrance of the Holocaust, an extension of empathy to a Jewish poet, Vancu's text is not a documentary smothered in piety. Rather, he is after higher stakes. Vancu creates, in poetry and interleaving pages of prose, a memorial to Radnóti that reverberates against a pantheon of cultural figures, high and low, liberal and fascist, from orgasms to a game of chess, from Dante to a pornographic actor. In this way, Vancu's *Kaddish* demands that all culture respond to the facts of fascism, of murder, and inhumanity. I find it remarkable, however, that this demand is not based on morality alone, but also on mortality. In Vancu's book, our empathy comes not from a moral obligation to treat other humans with dignity and care; rather, it comes from our recognition of a shared fate: we are alive, and we will die. Our shared ground is our shared grave. In making this meditation, Vancu avoids the temptation to distance ourselves from his memorial subject.

Distance from death, for the past four years in this region, is literally a question of kilometers. Vancu first read the story of Radnóti's final poems in Carolyn Forché's 1992 English-language collection of witness poetry, *Against Forgetting*. Yet the book's immediate impetus was the neighboring war in Ukraine. Vancu states in an interview, "The idea for the book came when I was shaken, as we all were, by the horrors of Bucha, of Mariupol. The destruction produced by the Russian army in Ukraine, and the accounts of mass graves, brought to my mind the story of Radnóti." We may read *Kaddish*, therefore, alongside Moni Stănila's poems about the Ukrainian war, published in *Ofsaid* (*Offside*) a year before *Kaddish*, a juxtaposition of events and poems where fascist violence seems not trans-historically universal but historically constant, one battle after another. Vancu states that *Kaddish* imagines "a solidarity among all the dead who died in any time, in any geographic space, in any historical context. *Kaddish* is a reminder of this solidarity between living and dead souls." If the Kaddish prayer is a prayer for the dead, Vancu's book aspires to be, in that same sense, a prayer for all humans who die—those we remember and those whose memories we suppress.

Vancu's book seemed to speak to me as I read it, in a PDF copy on my tablet. For reasons I will explain, I already knew Radnóti's work and history, so I was moved in the first place by Vancu's text, its urgency and scope. I was surprised to find his lines were strangely available to my mind; they might contain some echo of the extensive English translations Vancu has published, or perhaps it's the echoing voices of people I have lost. Whatever the reason, I experienced a connection to the rhythms of this work as I rarely do. Whenever I am considering a work for translation, I read differently, because I test out possible solutions in my mind, doubling the original Romanian with a tentative English. In the case of *Kaddish*, I found myself not only imagining translations but also writing them down on the page as I read, as the Romanian cadences seemed to produce, insistently, English versions. "Scriu pentru ca morții mei să mă iubească mai mult" resounded, apparently in the stylus I was holding, as "I write so my dead will love me more." The cadence of the English is different, shorter, and more emphatic, though they share the alliteration of "m" in the last two words. Vancu's poetry is so evocative that I started to translate it before I had finished reading the text.

The moments of spontaneous translation, when they occurred, only highlighted for me their contrast with the many moments of translation compromise. It is a commonplace to observe that straight-forward language is more difficult to translate than elaborate, purple prose. The translator has nowhere to hide. Vancu writes physically about the decaying body, in direct language without final punctuation. The couplets advance via relentless enjambments, where I often reversed the word order to preserve the impression of directness. The book's first line already breaks differently:

> Dragostea mea după ce mi-ai scos corpul din groapa

The last word here is "grave," of obvious importance to the topic, theme, and moral structure of the book. The Romanian line breaks between the noun and adjective, "comună," following natural romance-language syntax. The line almost stands by itself, "My love after you pulled my body from the grave," except that "groapa" has a definite article that indicates it will be followed by an adjective. The smallest of marks ("groapa" rather than "groapă") determines the break in the line and brings us to "groapa comună." The first line in English also breaks between the noun and adjective, following germanic syntax:

> My love after you pulled my body from the mass

This line could also stand by itself, but less so than the Romanian (a mass of what?). This same line demonstrates another, important Romanian word that caused a translation problem. A shared grave in Romanian is always "groapa comună," a grave inhabited in common. In English "common grave" is a different sense, a grave for commoners, who could not afford a separate plot. In English and in my translation, Radnóti was buried in a mass grave.

The fact that all graves are the same grave, and all of culture inhabits one mass grave, is the central theme of *Kaddish*, one that resonates in particular with Radnóti's work. "To translate Radnóti," Fred Turner writes, "is only possible because he never cut himself off from the living tradition of poets and prophets." While Vancu does not translate Radnóti in the literal sense, his work is like Radnóti's in its connection to cultural tradition. It is written in the living tradition, and (I'm sure Vancu would add) in the tradition of the far more numerous dead. For my former colleague Fred, translation is an Orphic journey to the dead, where the translator works to "recognize, as the root recognizes the sap, the ur-language of measure and cadence." Vancu's poetry is not metrical, but it is connected to all of culture in a more direct, recognizable, and even grotesquely literal manner.

I am quoting Fred Turner's essay in *Foamy Sky: the Major Poems of Miklós Radnóti*, the English collection he translated in equal measure with Zsuzsanna Ozsváth. I first learned about Radnóti not from this book but from Zsuzsi and Fred, my colleagues at

The University of Texas at Dallas. When I first arrived at the university, their work on Radnóti seemed to be on everyone's lips, the best example of translation's moral value. Zsuzsi and Fred were so committed to the music of translation that they accomplished something few translators have: an English poem in precisely the same meter and rhyme scheme as Radnóti's Hungarian original. When I asked if I could hear how the two fit together, Fred and Zsuzsi sent me a recording of themselves reading in unison. While I was astounded at the skill of the translation, what I remember most about the recording is the way Zsuzsi laughs at the end. She was delighted by their metrical feat. Their translation received the high honor of the Milán Füst Prize of the Hungarian Academy of Sciences. The most amazing aspect of their translation, in my opinion, is the fact that they had visited Radnóti's wife, Fanni Gyarmati, who lived to be 101, and held the poetry notebooks she found on Radnóti when his body was exhumed. Zsuzsi and Fred, in the most physical way, were connected to Radnóti's work and his tradition of poets and prophets.

While I was privileged to work with Zsuzsi and Fred for a long time, they had both been retired for several years when they died, Fred in September of last year, Zsuzsi just two weeks ago. Even a well-deserved rest can feel like a loss. Zsuzsi, who as a child survived the Hungarian Holocaust by hiding with her nanny in Budapest, founded the UT-Dallas Center for Holocaust Studies, published two monographs and two memoirs, and co-translated with Fred five books of Hungarian and German literature. My translation is a tribute to her. Translating Vancu's Romanian text in the shadow of Zsuzsi and Fred's Hungarian translations, typing now with hands that touched their hands that touched Gyarmati's, and writing with the same hands that reluctantly helped to bury Zsuzsi at her funeral, I feel the solidarity of the living and the dead.

McKinney, Texas; February 2026

Index of First Lines

2 [Dragostea mea după ce mi-ai scos corpul din groapa]
6 [Carolyn Forché & antologia ei din 1993, *Against Forgetting*]
10 [Aș putea să nu-mi aduc aminte de tine dragostea mea dar]
14 [Marii răniți – care, la concertele date de Enescu pentru]
16 [Dragostea mea când carnea mea se topea & se îmbiba]
20 [Încă o diferență între poezie și muzică:]
22 [Cum făceai Flammkuchen & te supărai pe cuptorul care]
24 [Încercarea mea de a prinde lumina în fraze.]
26 [Știu ce te întrebi Sigur că m-au împușcat aici la Abda]
30 [Uluirea cu care colegii mei de groapă comună descoperă]
32 [Doar pentru că scriu poemele astea]
36 [Singura formă de vegetație din *Infernul* lui Dante]
38 [Să scrii ca și când lași un sânge rău să iasă]
40 [Canto 14 din *Paradis*, cel cu învierea corpurilor]
42 [Scriu pentru ca morții mei să mă iubească mai mult
Sub orice poem pe ultimele rânduri ale fiecărei pagini]
46 [Manetti & Vellutello au construit, în secolul 16]
48 [Când am plâns cine dintre voi m-a auzit poemelor]
52 [Poezia e substanța de contrast a istoriei.]
54 [S-a scris dar s-a și murit A fost sânge dar a fost]
56 [Frumusețea nu-i un fenomen estetic.]
58 [Scrii cum ai încerca de pe fundul gropii comune să te]
62 [Francis Bacon, într-o discuție din 1932 cu verișoara lui]
64 [Numai poezia e muncă ziceai Numai tu muncești Radnóti]
68 [Eliot & Rilke au scris în aceiași ani (1915–1925)]
70 [Stau aici întins în groapa comună și mă gândesc la vremea]
74 [Shelley vedea făpturi care-l vizitau – în miezul zilei]
76 [Ei zic că cine iubește nu îmbătrânește Așa e Eu te iubesc]
78 [N-am nici un plan de evadare – nici înapoi înspre viață]
80 [Ei zic că fericiții sunt întotdeauna periculoși]

[My love after you pulled my body from the mass]
[Carolyn Forché & her 1993 anthology, *Against Forgetting*]
[I could avoid remembering you my love but]
[The gravely wounded—who attended George Enescu's concerts]
[My love when my flesh melted & saturated]
[Another difference between poetry and music:]
[The way you made Flammkuchen & got angry at the oven that]
[My attempt to catch light in phrases.]
[I know what you're wondering Yes they shot me here at Abda]
[The shock of my mass grave-mates, when they discover]
[Just because I write these poems]
[The only form of vegetation in Dante's *Inferno*]
[To write as though you're letting out bad blood]
[Canto XIV in *Paradiso*, the resurrection of the bodies]
[I write so my dead will love me more
    Beneath every poem on the last lines of the page]
[Manetti & Vellutello, in the 16th century]
[When I cried, who among my poems heard me]
[Poetry as the contrast dye of history.]
[People wrote but people also died There was blood but there was]
[Beauty is not aesthetic.]
[Write like you're at the bottom of a mass grave and you're trying]
[Francis Bacon, in 1932, in conversation with his cousin]
[Only poetry is work you said Only you work Radnóti]
[Eliot & Rilke, during the same years (1915–1925)]
[I lie my body down in the mass grave and think of the time]
[Shelly was visited by creatures—in the middle of the day]
[They say whoever loves does not age That's true I love you]
[I don't have an escape plan—not back to life]
[They say that the dangerous are always happy]

82 [*Apophrades* – Bloom numește așa a șasea]
84 [Din metrii cubi de groapă comună se vede tot]
88 [Nici literatura n-am înțeles-o niciodată decât tot ca *afterlife*.]
90 [Groapa asta comună unde așteptăm cu]
92 [Ăsta-i rostul literaturii: să-ți halucineze viața.]
94 [Cum ți s-a așezat mămăruța pe deget la intrarea]
98 [Mozart, într-o scrisoare din Mannheim către tatăl lui]
100 [Să scrii cum ai întinde var peste o groapă comună]
102 [Schumann despre Chopin: „Tunuri îngropate în flori".]
104 [Nu pot muri aici în groapa comună Dacă aș muri]
106 [Ulysses spune despre el că e „fiul suferinței".]
108 [Mă uit la mierlă cum țopăie pe groapa comună Caută]
110 [Te sufoci cu excesul de timp turnat peste creierul deschis]
112 [N-am nevoie de un indice Gini pentru morți]
116 [Pagini multe, în corespondența Freud-Jung]
118 [Câtă vreme 1 om uman violează copii umani]
120 [Când i se aduce raportul despre testul nuclear]
122 [Mie mi-a murit un frate geamăn la naștere De aia]
126 [Să-ți ții creierul ca pe o lupă deasupra creierului]
128 [Scriu pentru ca morții mei să mă iubească mai mult
De aici de pe fundul gropii comune se văd mame]
136 [De aici, din groapa comună, mă uit la inimile mamelor]
138 [Groapa comună e un instrument de gândit Abia]
142 [Comentariul lui Borges la *Biathanatos* al lui Donne]
144 [Era una din zilele alea când nu reușeam să]
148 [Senzația veche că frazele construiesc realitatea.]
150 [Să povestiți așadar cântecele mele cum]
152 [Foarte puțin de scris aici. Foarte puțin de scris, de fapt]

[*Apophrades*—Bloom gives this name to the sixth]
[From the cubic meters of the mass grave you see all]
[Even literature is something I've always thought of as *afterlife*.]
[This mass grave where we all]
[This is the purpose of literature: to hallucinate your actual life.]
[How the ladybug landed on your finger at the entrance]
[Mozart, writing to his father from Mannheim]
[Write as though you're spreading lime over a mass grave]
[Schumann on Chopin: "Cannons buried in flowers."]
[I can't die here in the mass grave If I died]
[Odysseus calls himself the "child of suffering."]
[I watch the blackbird hopping across the mass grave It's looking]
[You can drown from too much time poured over your brain]
[We don't need a Gini index for dead people]
[Many pages, in the Freud-Jung letters]
[As long as 1 human being rapes human children]
[When he is presented the report on the nuclear bomb test]
[My twin brother died at birth That's why]
[Hold your brain like a magnifying glass over your brain]
[I write so my dead will love me more.]
From the bottom of the mass grave I see mothers]
[From here, in the mass grave, I watch the mothers' hearts]
[The mass grave is a tool for thought Only]
[Borges' commentary on Donne's *Biathanatos*]
[It was one of those days when I couldn't]
[The old feeling that sentences build reality.]
[Tell my songs how she]
[Not much to write here. Not much to write]

Acknowledgments

Grateful acknowledgment is made to *Words without Borders*, in which some of these poems first appeared: From "Kaddish: For Miklós Radnóti" by Radu Vancu. https://wordswithoutborders.org/read/article/2023-12/kaddish-for-miklos-radnoti-radu-vancu-sean-cotter/.

Contributor Biographies

Radu Vancu (Sibiu, Romania, 1978) is a Romanian poet, scholar, and translator. A professor in the Faculty of Letters and Arts at Lucian Blaga University in Sibiu, he is the editor in chief of *Transilvania* magazine, and an editor of *Poesis Internațional*. He has published nine volumes of poems, and his poetry has been translated into some 20 languages in anthologies, magazines, and books. He has also published a novel, *Transparenta* (2018). Vancu has received several national and international prizes for his literary work. He has also published two children's novellas and a book collecting his social and political articles. His scholarly publications include two book-length essays on Mihai Eminescu and Mircea Ivănescu, as well as a book on the anti-humanist poetics of modernity. Vancu has edited several anthologies of modern and contemporary Romanian poetry, either alone or in collaboration with Mircea Ivănescu, Claudiu Komartin, and Marius Chivu. He has translated novels and poetry, mainly from the works of Walt Whitman and John Berryman, and is the translator of the on-going four-volume Ezra Pound edition edited by Horia-Roman Patapievici. He is the president of Poets in Transylvania, Sibiu's international poetry festival, and previously served as president of PEN Romania and as the national editor of the Romanian section of the Poetry International website.

Sean Cotter is the translator of numerous works of Romanian literature, including an award-winning edition of Nichita Stănescu's poetry, *Wheel with a Single Spoke* (Archipelago Books, 2012) and the first volume of Mircea Cărtărescu's *Blinding* (Archipelago Books, 2013). His study of Romanian translators, *Literary Translation and the Idea of a Minor Romania* (Rochester, 2014), was awarded the biennial book prize of the Society for Romanian Studies. Recipient of a PEN/Heim grant and two fellowships from the National Endowment for the Arts, Cotter is Professor of Literature and Translation Studies at The University of Texas at Dallas. His most recent translation is Mircea Cărtărescu's *Solenoid*, with Deep Vellum Books, finalist for the International Booker Prize and winner of the Dublin Literary Award.